말씀을 살아내라

말씀을 살아내라

지용훈 지음

규장

| 차 례 |

프롤로그

chapter 1
초월의 영성 : 연합의 복음 안에서 그리스도의 마음을 품다 _13

야고보서의 행함의 원리 | 초월적 복음 안에서 사는 삶 | 초월의 믿음을 강조하신 예수님 | 창세전 하나님의 영화로움 속의 정체성 | 이미 잡힌 바 된 것을 좇아가는 삶 | 환영받지 못하신 예수님 | 몸으로 산 제사를 드려라 | 오늘, 지금 하나님을 사랑하라 | 다윗의 초월의 영성 | 다윗의 회개 | 다윗이 회개한 목적 | 회개 후 전도를 결심한 다윗 | 그리스도와 성령을 계시받은 다윗 | 다윗의 초법적 삶과 예배 | 절망 중에 임한 계시

chapter 2
기다림의 영성 : 엘리야, 세례 요한 그리고 교회 _59

한 사람을 쓰시는 하나님 | 엘리야의 심령과 능력으로 온 세례 요한 | 여인이 낳은 자 중 가장 큰 자 | 세례 요한처럼 재림을 예비하는 교회 | 주님을 알아보는 연습 | 작은 자는 누구일까 | 능력과 겸손의 영성 | 시므온의 영성 | 심판의 때를 준비하는 영성 | 한 새사람으로서의 교회 | 이스라엘을 버리지 않으시는 하나님 | 유대인과 이방인 | 주의 날을 준비하는 교회

chapter 3
기도의 영성 : 말씀이 뇌 속에 풍성히 거하게 기도하라 _103

세례 요한의 기도의 삶 | 복음에 합당한 기도 | 항상 기뻐할 수 있는 이유 | 위의 것을 찾으라 | 말씀이 풍성히 거하는 기도 | 넘치는 감사로 뿌리를 박다 | 글자에 순종하는 위험 | 주와 함께 영광 중에 나타나리라

chapter 4
전도의 영성 : 기도의 영성에서 전도의 영성으로 _137

아들의 혼인 잔치에 초청하라 | 사도들의 복음 전파 | 전도는 신부의 기본 임무 | 말 없이 삶으로만 전해도 되는가 | 예식장 영성 | 야성을 회복해야 할 교회 | 전도는 특별한 은사가 아니다 | 전도는 순교다 | 구원의 확신과 전도의 부담 | 치유를 통한 전도

chapter 5
살아내는 영성 : 성령을 좇아 행하라 _165

살아내는 믿음의 기초, 회개 | 기적과 하나님나라 | 기적과 회개 | 은사와 기적 | 빵의 기적과 생명의 빵 | 행동하는 믿음 | 두려워하지 않는 믿음 | 늘 새부대가 되는 믿음 | 돈을 사랑하지 않는 믿음

chapter 6
승리하는 영성 : 그리스도의 사랑으로 승리하라 _199

비판하지 않는 믿음 | 외식하지 않고 섬기는 믿음 | 사랑은 온전하게 매는 띠 | 용서하는 믿음 | 용서와 함께 십자가를 선포하라 | 승리하는 삶의 비결, 초월적 복음

에필로그

프 / 롤 / 로 / 그

말씀을 살아내어
주의 길을 예비하자

"또 그들에게 이르시되 사람이 등불을 가져오는 것은 말 아래에나 평상 아래에 두려 함이냐 등경 위에 두려 함이 아니냐 드러내려 하지 않고는 숨긴 것이 없고 나타내려 하지 않고는 감추인 것이 없느니라"(막 4:21, 22).

등불은 어두운 공간에 불을 밝히는 역할을 합니다. 그래서 사람들은 등불을 그릇(말)이나 침대(평상) 아래에 두지 않고 벽에 걸어둡니다. 등불은 자기가 사명을 다할 자리가 정해져 있습니다. 빛은 밝혀져야 하고 드러나야 합니다.

하나님은 우리를 어둠 속에서 불러내셔서 신기한 빛이신 그리스도의 생명 안에 들어가게 하셨습니다. 그것은 하나님의 아름다운 사랑을 전하게 하기 위해서입니다(벧전 2:9). 그리스도께서 우리 안에 참 빛으로 계시기에 우리도 빛의 자녀입니다. 주님은 우리를 어두운 세상 속에서 각자의 사명의 자리에 보내셨습니다. 그것은 어두운 곳을 밝게 하시고, 우리 안에 감추어진 참 빛이신 예수 그리스도를 드러내게 하시어 흑암의 권세에 묶여 헤매는 영혼을 건지셔서 속량하시고 그 사랑의 아들의 빛의 나라로 옮기고자 하는 것입니다(골 1:13,14).

우리 안의 빛이신 그리스도께서 드러나시고 영혼들이 어둠에서 하나님의 나라로 불러내지는 것은 우리가 말씀을 살아낼 때 이루어집니다. 말씀이신 하나님이 육신으로 오셔서 구원을 이루셨듯이 우리가 말씀을 삶으로 나타내 보일 때 영혼 구원의 역사는 이루어질 것입니다.

열매가 없는 무화과나무가 예수님의 배고픔을 채워드리지 못해서 예수님의 저주를 받고 말라버렸습니다(막 11:13,14). 예수님은 우리가 말씀을 살아낼 때 나타나는 열매를 보길 원하십니다. 예수님은 아버지의 뜻을 행하는 것을 영적 양식으로 삼으셨고 우리가 아버지의 뜻을 계속 행할 때 그것을 양식으로 삼으십니다(요 4:34). 우리가 말씀을 살아내어 열매를 맺으려면 우리 옛 생명의 습관 속에 아직도 남아 있는 말씀이 뿌리를 내리지 못하게 하는 길가 밭, 돌밭, 가시떨기 밭이 기경되어야 합니다(막 4:1-20).

지금의 시대는 도끼가 나무뿌리에 놓여 있을 정도로 주의 심판의 날이 임박한 때입니다. 세례 요한은 좋은 열매를 맺지 못하는 나무마다 찍혀 불에 던져질 것이니 회개에 합당한 열매를 맺으라고 외쳤습니다(눅 3:8,9).

주의 날이 가까이 다가왔기에 우리는 당시에 외치던 세례 요한의 음성을 듣고 회개에 합당한 열매를 맺는 삶으로 말씀을 살아내야 합니다. 더 나아가 우리는 세례 요한처럼 주의 길을 예비해야 합니다. 요한은 선지자 이사야가 기록한 말씀이 자신에게 주시는 말씀인 줄 알았고 그 말씀을 살아냈습니다. 그 세례 요한이 살아낸 말씀은 주님보다 조금 앞선 시기에 와서 광야에서 외치는 자의 소리로서 주의 길을 예비한 것이었습니다(막 1:1-6).

우리도 세례 요한처럼 낙타털과 가죽띠와 메뚜기만으로도 감사할 줄 아는 삶과 주의 길을 예비하는 외침의 사명을 다해야 할 것입니다. 천지는 없어져도 주의 말씀은 없어지지 않기에 그 말씀을 살아내는 삶으로 언제 닥칠지 모르는 주의 날 또는 개인의 종말을 준비해야 합니다.

처음 저는 '엘리야의 심령과 능력으로 온 세례 요한'이라는 주제로 원고를 썼습니다. 그런데 책을 만드는 과정에서 편집팀에서 이 책의 제목을 제안해주었습니다. 이 제목을 듣고 나서 하나님이 제 안에 새롭게 추가될 내용을 떠오르게 해주셨고, 수정 작업을 하면서 주님의 긍휼하심 가운데 더 깊이 들어가는 은혜를 체험했습니다. 이 제목은 독자에게 주장하기 전에 먼저 제 자신에게 가혹할 만큼 에리하게 파고드는 주님의 음성이었습니다. 감히 이 제목으로 책을 낼 수 있는 용기는 오직 제가 그리스도와 함께 십자가에 못 박혀 죽었음을 믿는 믿음에서 나왔습니다.

이미 얻었다 함도 아니고 온전히 이루었다 함도 아닙니다. 오직 저는 그리스도 예수께 잡힌 바 된 그것을 잡으려고 오직 한 일 즉 뒤에 있는 것은 잊어버리고 앞에 있는 것을 잡으려고 푯대를 향하여 그리스도 예수 안에서 하나님이 위에서 부르신 부름의 상을 위하여 달려가고 있습니다 (빌 3:12-14). 이러한 믿음의 경주에 당신을 초청합니다.

이 책이 출판되기까지, 사랑하는 가족과 멘토들, 규장 출판사 모든 가족들 그리고 직간접적으로 제게 귀한 영향을 준 모든 분들을 붙여주신 하나님께 감사드립니다.

뉴욕의 거리 전도자

지용호

초월적 복음의 관점으로서의 삶은, 진정으로 회개하고 예수님을 구주 하나님으로 모셔들인 우리가 주와 함께 이미 십자가에서 죽었고 주와 함께 살았으며 주와 함께 보좌에 앉혀졌다는 것을 믿는 것입니다. 그것을 알게 하시는 성령님이 내 안에 계시다는 것을 믿고 성령님을 좇아 말씀을 살아내는 삶입니다.

chapter 1

초월의 영성

초월의 영성 ::
연합의 복음 안에서
그리스도의 마음을 품다

도적같이 임할 주의 날은 아주 가까이 임박해 있습니다. 개인의 종말도 예고 없이 갑자기 임할 수 있습니다. 이러한 종말의 날은 아버지만 아십니다. 그러므로 우리는 한시라도 주의하고 깨어서 말씀을 살아내야 합니다(막 13:31-37). 왜냐하면 말씀이신 예수님을 맞이하기 위해 영과 혼과 몸이 흠 없이 보존되어야 하기 때문입니다(살전 5:23). 영, 혼, 육을 흠 없이 보존할 수 있는 것은 오직 연합의 복음 안에서 그리스도를 품는 것으로부터 비롯됩니다.

야고보서의 행함의 원리

우리가 말씀을 살아내기 위해서는 말씀이신 하나님께서 사람으로 오시지 않으면 불가능합니다(요 1:14). 이것이 사람이 만든 종교에서 경전대로 행하라는 가르침과 절대적으로 구별되는 점입니다. 말씀을 살아내기 위해서는 반드시 예수 그리스도를 믿는 온전한 믿음이 필요합니다. 그리스도를 향한 온전한 믿음은 온전한 삶을 낳습니다. 바울은 하나님의 의가 복음에 나타났다고 하면서, 그 의를 믿는 우리는 시작부터 끝까지 믿음으로 살아야 한다고 말합니다(롬 1:17). 그러므로 말씀을 살아내는 삶 즉, 하나님의 의가 이루어지는 삶은 복음과 믿음의 본질을 알 때 나타납니다.

야고보서는 말씀을 살아내는 것을 강조하는 대표적인 책입니다. 그런데 사람들은 야고보서를 행함만을 강조하는 책으로 오해합니다. 야고보서에서 행함으로 의롭다 함을 얻는다는 표현은 믿음으로 얻는 의를 말한 바울의 사상과 부딪히는 것이 아닙니다. 우리는 야고보서 속에서 십자가에 대한 온전한 믿음이 말씀을 살아내도록 한다는 복음의 핵심을 발견할 수 있습니다.

야고보는 "마음에 심어진 말씀을 온유함으로 받으라"(약 1:21), "자유롭게 하는 온전한 율법을 들여다보고 있는 자는 듣고 잊어버리는 자가 아니요 실천하는 자니"(약 1:25), "샘이 한 구멍으로 어찌 단물과 쓴물을 내겠느냐"(약 3:11)라는 세 가지 표현으로 복음과 믿음의 핵심을 말하고 있습니다. 이 세 표현이 행함만을 강조하는 것 같은 야고보서 속에 들어 있는 보석과 같은 십자가 복음이며 믿음으로 말씀을 살아내는 삶의 원리입니다.

그리스도인은 그리스도를 구주로 모셔들였기 때문에 옛 생명은 십자가에 못 박혔고 새 영이라는 변화된 중심을 선물로 받았습니다. 그래서 그 새 생명 안에 성령님을 모시고 있습니다. 성령님을 통하여 말씀이 새 영 속에 이미 심겨진 것이 그리스도인의 실체입니다. 주의 영이 있는 영혼에게는 진정한 자유가 있습니다.

그런데 우리에게는 여전히 옛 생명의 습관이 남아 있습니다. 그래서 한 입으로 하나님을 찬송도 하고 하나님의 형상으로 지음 받은 사람들을 저주하기도 합니다. 우리 속에 여전히 짠 샘(옛 생명)과 단 샘(새 생명)이 공존하기 때문입니다. 우리 안에 남아 있는 옛 생명의 습관은 사망을 가져다주는 문자에 묶이려는 성향이 있습니다. 그러나 우리의 새 생명은 우리 안에 계신 성령님을 따르고자 하는 성향이 있습니다. 성령께서는 문자를 통하여 우리에게 레마를 주기 원하십니다. 그래서 우리의 새 생명은 하나님께서 주신 문자를 무시하지 않으나 사망을 가져다주는 문자에 더 이상 묶이지 않고 문자 속에 계신 그리스도를 발견합니다. 우리의 새 생명은 자유케 하시는 온전한 율법이신 성령께서 주시는 레마(자유케 하는 생명의 성령의 법)를 들여다보며 그것을 듣고 실행하게 됩니다. 야고보의 단 샘과 짠 샘에 대한 생각은, 자신 속에 하나님의 법을 따르는 새 생명과 아직도 죄의 법을 따르는 옛 생명이 있어서, 육체의 소욕과 성령의 소욕이 공존

한다고 말한 바울의 사상과 일치합니다(롬 7:23, 갈 5:17).

바울은 거울로 자기 얼굴을 보는 것처럼 주의 영광을 보게 되면 주의 형상으로 변화된다고 했습니다(고후 3:18). 우리가 말씀을 살아내는 삶을 산다고 해서 예수님을 닮는 것이 아닙니다. 오히려 그 반대입니다. 즉, 늘 주와 함께 연합된 보좌에서 주의 영광을 바라볼 때 주의 형상을 닮게 되고 말씀을 살아내게 됩니다.

야고보는 이렇게 말했습니다.

"너희가 여러 가지 시험을 당하거든 온전히 기쁘게 여기라 이는 너희 믿음의 시련이 인내를 만들어내는 줄 너희가 앎이라"(약 1:2,3).

인내는 그리스도의 성품입니다. 우리가 하늘 보좌에서 주님의 영광을 바라볼 때 그리스도의 형상으로 변화되는 것이므로 시험을 당할 때 우리는 하늘 보좌에 있다는 믿음으로 기뻐할 수 있습니다. 바울이 항상 기뻐하라고 말한 사상과 똑같은 것입니다.

베드로도 이렇게 말했습니다.

"그러므로 너희가 이제 여러 가지 시험으로 말미암아 잠깐 근심하게 되지 않을 수 없으나 오히려 크게 기뻐하는도다 너희 믿음의 확실함은 불로 연단하여도 없어질 금보다 더 귀하여 예수 그리스도께서 나타나실 때에 칭찬과 영광과 존귀를 얻게 할 것이니라"(벧전 1:6,7).

시험과 환란 속에서 인내하며 기쁨함으로 말씀을 살아낼 수 있는 본질은 우리가 그리스도와 함께 죽고 부활 승천하여 하늘 보좌에 이미 앉혀진 것을 믿는 초월적 영성에 있습니다(갈 2:20, 엡 2:4-6). 초월적 영성을 기반으로 우리는 기다림과 기도의 영성으로 나아갈 수 있습니다. 또한 기도의 영성은 말씀을 살아내게 하여 하나님나라를 선포하며 주님 오실 길을 예비하게 합니다.

초월적 복음 안에서 사는 삶

초월의 영성이라는 표현에서 유의해야 할 점이 있습니다. 여기서 말하는 초월은 인간이 만든 종교로 흉내 낼 수 있는 초월이 아닙니다. 초월의 영성은 이 땅에 예수 그리스도를 보내셔서 인류의 구원을 위해 십자가에서 죽이시고 그를 다시 부활시키시고 보좌로 끌어올리시고 성령을 보내신 삼위일체 하나님의 초월입니다.

다른 종교들도 자신의 경전의 중요성을 강조하며 "경전대로 살라"고 말합니다. 요즈음 이라크, 시리아, 파키스탄 그리고 호주 등 세계적으로 이시스라는 과격 이슬람 테러단체가 반대파들과 기독교인들을 처참하게 죽이는 일들이 일어나고 있습니다. 이것이 바로 경전에서 시키는 대로 한 것입니다.

하지만 우리가 말하는 '말씀을 살아내는 것'은 다릅니다. 우리는 이 땅에 사람으로 오셔서 죽으시고 부활 승천하셔서 영광을 얻으신 뒤 다시 오실 초월자 예수님을 맞이하기 위해 성령님을 의지하여 말씀을 살아내는 것으로서 인간이 만든 종교들과 철저히 구별됩니다.

땅에서 코란의 지시대로 공력을 쌓아서 하늘로 올라가려는 이슬람교적 종교적 행위나, 불경의 가르침대로 고행이나 수양과 도덕적 행위로 무아의 경지에 이르려는 불교적 행위와는 완전히 다른 차원입니다. 이슬람이나 불교 신앙의 공통점은 땅에서 자신의 노력으로 구원을 이루려는 것이기에 그것은 자신의 의를 드러냅니다.

말씀을 살아내야 된다는 것은 우리의 의와 열심으로 말씀을 지켜 나가는 것이 아닙니다. 날마다 믿음으로 하늘 보좌에서 위의 것을 찾고 위의 것을 생각하며 하늘 보좌에서 부으시는 생수의 강을 맛보는 초월적 관점에서 땅의 지체를 죽여나가는 것입니다(골 3:1-5). 이것이 바로 인간이 만든 종교와 기독교 신앙이 구별되는 결정적인 개념입니다.

초월적 복음의 관점으로서의 삶은, 진정으로 회개하고 예수님을 구주 하나님으로 모셔들인 우리가 주와 함께 이미 십자가에서 죽었고 주와 함께 살았으며 주와 함께 보좌에 앉혀졌다는 것을 믿는 것입니다. 그것을 알게 하시는 성령님이 내 안에 계시다는 것을 믿고 성령님을 좇아 말씀을 살아내는 삶입니다(요 14:20, 갈 5:16). 아무리 자기 자신의 힘으로 말씀을 살아낸다고 해도 그것은 인간이 만든 차원에서 경전대로 살라고 하는 종교적 행위에 지나지 않습니다. 그것은 긍휼에 풍성하신 그 큰 하나님의 공의와 사랑이 이루어진 생명연합의 진리를 믿는 믿음에서 나온 행위가 아니기 때문입니다.

신랑 되신 주님이 오실 때가 가까이 왔다고 하면서 신부의 영성을 강조하며 말씀을 살아내라고 하는 설교들 중 듣기에 무척 불편한 설교가 있습니다. 율법과 은혜의 차이를 장황하게 설명해놓고 결국엔 율법적 설교로 마무리되는 사례가 많습니다. 또한 십자가를 통한 생명 연합의 진리라는 하나님의 크신 은혜에 대한 강조가 전혀 없거나 부족하여 마치 다른 종교와 별 차이점이 없는 설교도 많습니다. 듣는 사람들이 하나님의 은혜를 충분히 다 알고 있다고 간주하면서 삶만을 강조하는 것은 위험합니다. 생각보다 복음의 핵심을 정확하게 아는 사람들이 많지 않습니다. 예수님이 좁은 문으로 들어가라고 하시면서 생명의 길은 좁고 협착하여 들어가는 이가 적다고 하신 말씀을 염두에 두어야 합니다.

말씀을 살아내도록 하기 위해서는 측량할 수 없는 하나님의 초월적 은혜를 먼저 충분히 강조해야 합니다. 하나님의 은혜는 아무리 강조해도 지나치지 않습니다. 하나님의 은혜를 정확히 맛보고 안 사람이 그 말씀을 살아내기 때문입니다.

바울은 항상 그의 서신서에서 그리스도와 생명으로 연합된 측량할 수 없이 풍성한 은혜를 믿는 믿음을 먼저 강조한 후 말씀을 살아내라고 합니다.

초월의 믿음을 강조하신 예수님

어떤 이는 바울이 강조한 말씀보다 더 중요한 것은 예수님의 가르침인데, 예수님은 아버지의 뜻대로 행하는 것을 강조했다고 주장합니다. 물론 예수님은 아버지의 뜻대로 사셨고 또한 제자들과 무리들에게 아버지의 뜻대로 사는 자라야 천국에 들어갈 수 있으며, 그들이 예수님의 가족이라고 하셨습니다.

그러나 만약 예수님이 그렇게 행함만을 강조하셨다고 오해한다면 예수님을 이슬람이나 불교와 같은 행위종교의 창시자와 같은 차원으로 떨어뜨리게 됩니다. 이것이 가장 위험한 사상입니다. '말씀을 살아내라'는 말을 복음적 관점이 아닌 종교적 관점에서 접근하게 될 위험이 바로 예수님의 가르침에 대한 오해에서 비롯됩니다.

예수님은 아버지의 뜻대로 사는 삶에 대한 원리가 초월적 믿음에 있음을 친히 보여주시고 제자들에게 가르쳐주셨습니다.

"내가 진실로 진실로 너희에게 이르노니 나를 믿는 자는 내가 하는 일을 그도 할 것이요 또한 그보다 큰일도 하리니 이는 내가 아버지께로 감이라"(요 14:12).

"하나님께서 보내신 이를 믿는 것이 하나님의 일이니라"(요 6:29).

예수님께서 하신 일은 모두 다 아버지께 순종하신 일이었습니다. 우리가 진정으로 회개하고 예수님을 구주로 믿는다면 우리는 예수님의 순종의 모습을 그대로 따라 살 수 있습니다. 예수님은 "회개하고 복음을 믿으라"(막 1:14,15)라고 하셨습니다. 수많은 병자들을 고치실 때 "믿음이 너를 구원하였다"(마 9:22), "두려워하지 말고 믿기만 하라"(눅 8:50), "믿음을 보시고… 네 죄사함을 받았느니라"(막 2:5)라고 하시면서 믿음이 구원이라는 결과를 가져온다고 강조하셨습니다. 예수님이 강조하신 회개를 동반한 믿음에서 비롯된 행함이 아니라면 다 헛것입니다. 왜냐하면 말씀을 살아내는 삶은 인간의 일이 아니고 하나님의 일인데 하나님의 일은 하나님이 보내신 자를 믿는 것이라고 하셨기 때문입니다(요 6:29).

'말씀을 살아내라'는 말은 '예수님을 닮는 삶'이라고 볼 수 있습니다. 다들 예수님을 닮으려고 노력합니다. 그런데 정작 예수님을 닮는 삶에 대한 복음적 믿음의 원리에 대해 무지합니다. 복음적 믿음의 원리를 모른 채 종교적이고 율법적으로 예수님을 닮으려는 것은 비참한 일입니다.

복음은 예수님을 닮는 삶이 우리 힘으로는 불가능하다는 것을 말해줍니다. 당연합니다. 초월자 아들 예수께서 초월적 믿음을 가지고 초월자 아버지께 순종하셨습니다. 한없이 연약하고 부족하고 악한 우리가 예수님의 초월적 순종을 어떻게 닮을 수 있겠습니까? 우리의 힘으로는 절대로 불가능합니다. 인본주의적인 땅의 차원의 믿음으로도 불가능합니다.

우리가 예수님을 닮으려면 예수님께서 소유하셨던 초월적 믿음이 있어야 합니다. 바울은 예수님을 구주로 모셔들이고 나서 자기가 그리스도와 함께 죽었기에 더는 자신이 사는 것이 아니고 자신 속에 계신 예수님이 사시는 것이며 그가 육체 가운데 사는 것은 바울을 위하여 자신을 버리신 하나님의 아들 안에 있는 믿음으로 사는 것이라고 했습니다. 갈라디아서 2장 20절의 "믿음 안에서 사는 것"이라는 표현보다 더 정확한 원문 번역은 "아들 안에 있는 믿음에 의해서"입니다.

아들 예수 그리스도 안에 있는 믿음은 땅의 차원의 믿음이 아니고 초월적 믿음입니다. 이 초월적 믿음은 연습해서 얻어지는 것도 아니고 연구해서 얻어지는 것도 아닙니다. 오직 하나님의 은총의 선물인 것입니다. 하나님께서는 독생자를 십자가에 내어주셨을 뿐 아니라 그 아들을 믿을 수 있는 믿음도 주셨고, 말씀을 살아내는 믿음도 주셨습니다. 그런데 그 믿음이 땅 차원의 우리의 노력으로 생겨나는 믿음이 아니라 하늘 차원의 하나님께서 주시는 선물로서의 초월적 믿음인 것입니다.

바울은 빌립보서 2장 5절에서 "너희 안에 이 마음을 품으라 곧 그리스도 예수의 마음이니"라고 하면서 예수님의 초월적 믿음을 본받으라고 합니다. 빌립보서 2장 5-8절은 예수 그리스도의 자기 부인의 영성을 강조하는 대표적인 구절입니다. 많은 사람들이 한결같이 이 구절을 참고하면서 "예수님께서 십자가에 죽기까지 순종하신 것처럼 우리도 그렇게 자기 부인의 삶을 살아야 합니다"라고 합니다.

그런데 그 초월적 순종으로서 십자가에 죽으신 완전한 자기 부인의 비밀은 "그는 근본 하나님과 본체시나"라는 표현 속에 있습니다. 예수 그리스도께서 십자가에 죽기까지 순종하실 수 있었던 근거는 하늘 보좌에 계신 아버지와 본체이심을 분명히 알고, 믿었기 때문입니다. 본체임을 아시고 영광의 보좌를 떠나셨으며 아버지와 본체이심을 아셨기에 늘 하늘에 계신 아버지를 바라보며 자기 스스로는 아무것도 할 수 없다는 겸손으로 아버지의 말씀에 십자가에 죽기까지 순종하실 수 있었습니다.

바울은 바로 이 그리스도의 마음을 닮으라고 우리에게 권면합니다. 죽기까지 순종한 마음을 닮으려고 애를 쓰는 것이 먼저가 아닙니다. 잘못하면 땅의 차원의 종교로 전락합니다. 그가 하나님과 본체이심을 믿었던 그 믿음부터 닮아야 합니다. 즉, 우리가 아버지와 아들과 성령, 삼위의 하나님이 하늘 보좌에서 본체이며 하나임을 믿고 그 삼위일체 하나님 안에 우리도 있음을 믿어야 하는 것입니다.

이것이 우리가 소유하게 된 가장 놀라운 믿음의 초월성입니다. 그래서 예수님은 자신이 아버지께로부터 보냄을 받는 가장 궁극적인 목적이 바로 삼위일체 하나님 안에 사람들을 있게 하시기 위함인데, 그것을 사람들이 믿게 해달라고 하면서 초월적 믿음을 사람들에게 주실 것을 아버지께 요청한 것입니다 (요 17:21).

우리를 삼위일체 안에 넣으시려고 이 땅에 오신 예수님께서 아버지께 그것을 '믿게 하소서'라고 하신 것은 정말 놀라운 표현입니다. 그것을 믿는다면 당연히, 아들 예수 그리스도께서 그 보좌로부터 파송받은 것처럼 우리도 보좌에서 파송된 존재라는 정체성을 가지고 살게 됩니다. 그래서 예수님께서 부활 직후 제자들에게 "아버지께서 나를 (하늘 보좌에서) 보내신 것같이 나도 너희를 (하늘 보좌로부터) 보내노라"(요 20:21)라고 하신 것입니다.

창세전 하나님의 영화로움 속의 정체성

예수 그리스도의 십자가와 부활 승천 그리고 보좌에 앉으심 속에 우리를 연합시켜준다는 것은 이미 창세전에 계획된 것입니다. 이것이 복음의 놀라운 초월성입니다. 예수께서 하늘 아버지와 본체셨던 그 마음을 품으라는 바울의 사상은 바로 예수님께로부터 비롯된 것이며 창세전에 아버지와 함께 계획하신 일이었습니다. 복음을 안다고 스스로 자부하면서도 말씀을 살아내지 못하는 더 중요한 이유가 있습니다. 그것은 바로 이 예수님께로부터 비롯된 창세전에 계획된 천국 복음을 잘 모르기 때문입니다.

하나님이 우리를 구원하시는 가장 궁극적인 목적은 삼위일체 하나님 안에 들어가 하나님과 하나가 되게 하시는 것입니다. 이것이 천국 복음의 핵심입니다. 하나님의 아들 예수 그리스도께서는 인류 구원을 위한 십자가의 순종을 앞두고 하늘을 향해 "아버지여, 아버지께서 내 안에, 내가 아버지 안에 있는 것같이 그들도 다 하나가 되어 우리 안에 있게 하사 세상으로 아버지께서 나를 보내신 것을 믿게 하옵소서"(요 17:21)라고 기도하셨습니다. 아들 예수께서는 우리를 삼위일체 하나님 안에 들어가도록 하시기 위해서 이 땅에 오신 것이며 그것은 창세전에 이미 계획된 것이었습니다.

하나님은 전지전능하신 초월자이시기에 구원에 대한 하나님의 뜻을 이미 창세전에 그리스도 안에서 다 이루어놓으셨습니다(고전 2:6-8). 그리스도는 창세전부터 어린양이 되셨던 것입니다. 따라서 구원에 대한 하나님의 뜻은 정확히 말하면 세 번 이루어지는 것입니다. 첫째로 창세전에 이미 그리스도 안에서 우리를 선택하셨고(엡 1:3-6), 둘째로 창세전의 선택을 이루기 위하여 인간의 역사 속에 들어오셔서 어린양으로서 십자가에서 죽으시고 부활하시고 하늘 보좌로 오르시면서 우리를 죽음과 부활에 연합시켜 보좌에 앉혀주신 것이며(엡 2:4-6), 셋째로 재림을 통하여 우리를 하늘로 올리셔서 보좌에 온전히 앉게 해주시는 것입니다(계 3:21).

창세전에 이미 이루셨다는 첫째 이루심을 뒷받침하는 구절이 있습니다. "여호와 하나님이 동방의 에덴에 동산을 창설하시고 그 지으신 사람을 거기 두시니라"(창 2:8)라는 구절인데 '동방에'라는 단어가 열쇠입니다. 히브리어로는 '케뎀'인데 '동쪽'이라는 뜻보다 '천지 창조 이전'이라는 더 중요한 뜻을 가지고 있습니다. 하나님은 예레미야를 통해서도 "내가 너를 모태에 짓기 전에 너를 알았고 네가 배에서 나오기 전에 너를 성별하였고 너를 여러 나라의 선지자로 세웠노라"(렘 1:5)라고 말씀하셨습니다. 히브리인 중의 히브리인이었던 바울은 그리스도를 만나기 전에도 '케뎀'이라는 단어를 알고 있었는데 예수를 그리스도로 만나자 "곧 창세전에(케뎀) 그리스도 안에서 우리를 택하사"(엡 1:4)라고 표현했습니다.

창세전에 처음 이루신 것을 우리의 역사 속에서 두 번째로 이루신 것은 앞에서 표현한 대로 2천 년 전 예수님의 죽으심, 부활, 승천, 성령강림 사건 속에 연합되었다는 것입니다. 창세전은 인간의 시간이라는 개념이 만들어지기 이전이라는 뜻입니다. 그래서 예수님께서 "아버지여 창세전에 내가 아버지와 함께 가졌던 영화로써 지금도 아버지와 함께 나를 영화롭게 하옵소서"(요 17:5)라고 기도하시면서 십자가의 죽음 뒤에 부활 승천하여 그 아버지의 영광의 보좌에 앉으실 것을 미리 말씀하셨습니다. 그리고 "아버지께서 내 안에 내가 아버지 안에 있는 것같이 저희도 하나가 되어 우리 안에 있게 하사"라고 기도하신 것입니다.

우리를 하늘 보좌에 계신 아버지 안에 들어가도록 하시기 위해서 우리를 위해 죽으시고 부활하시고 승천하시어 보좌에 앉으심으로 우리를 예수와 함께 죽음, 부활로 연합시키시어 하늘에까지 앉혀주셨습니다. 시간이 만들어지기도 전에 그리스도 안에서 선택하셨기에 우리는 시간 개념을 초월하여 그리스도의 죽음과 부활에 연합되어 하늘에 앉혀진 것이 천국 복음의 핵심입니다. 그것을 알게 하시기 위해서 성령이 우리 안에 오신 것입니다.

"그 날에는(성령이 임하는 날) 내가 아버지 안에, 너희가 내 안에, 내가 너희 안에 있는 것을 너희가 알리라"(요 14:20).

세 번째 이루심은 재림 사건을 말합니다. 우리 안에 오신 성령은 우리가 창세전에 그리스도 안에서 아버지 안에 첫 번째로 함께 있었음을 알게 하시고, 그리스도의 죽음과 부활에 연합되어 하늘에 앉혀진 두 번째 이루심을 알게 하실 뿐 아니라, 재림하셔서 이 악한 세상을 끝장내시고 우리를 아버지 보좌에 함께 완전히 앉게 해주시는 세 번째 이루심까지 인도하시는 것입니다.

"이기는 그에게는 내가 내 보좌에 함께 앉게 하여 주기를 내가 이기고 아버지 보좌에 함께 앉은 것과 같이 하리라 귀 있는 자는 성령이 교회들에게 하시는 말씀을 들을지어다"(계 3:21,22).

말씀을 살아내는 삶이란 바로 이 성령님을 믿고 따르며 다시 오실 주님을 향하는 삶입니다.

이미 잡힌 바 된 것을 좇아가는 삶

성령님을 따라 말씀을 살아내는 삶의 원천은 이미 이루어진 복음을 믿고 따르는 것이어야 합니다. 이미 이루어진 복음은 주와 함께 죽었고 살아서 보좌에 앉혀졌다는 것인데 그것을 믿도록 하시는 분이 성령이십니다. 따라서 성령님은 우리가 이미 그리스도께 잡힌 바 된 그것을 완전히 잡게 하시려고 말씀을 살아내도록 인도하십니다.

바울은 우리가 마귀에게 '사로잡혔던 자들'이라고 했습니다(엡 4:8). 그런데 예수 그리스도께서 우리의 죗값을 지불하시고 죽으심으로 마귀에게서 우리를 속량(Redemption, 도로 찾으심)하셨습니다. 그래서 바울은 마귀에게 사로잡혔던 우리를 건져내시어 다시 사로잡으셨다고 표현했습니다. 우리는 이제 마귀의 속박에서 벗어나 예수님께 사로잡힌 자들입니다. 그래서 그의 죽음과 부활에 사로잡혀 보좌에 앉혀진 것입니다. 그것을 창세전에 이미 예정하시고 이루신 것입니다.

그러나 바울은 다시 "내가 이미 얻었다 함도 아니요 온전히 이루었다 함도 아니라 오직 내가 그리스도 예수께 잡힌 바 된 그것을 잡으려고 달려가노라"라고 겸손하게 말합니다(빌 3:12). 이것이 바로 날마다 성령을 좇아 말씀을 살아내며 이루어가야 할 현재적 구원의 모습입니다(빌 2:12). 우리는 이미 창세전에 하나님의 생명 안에 잡힌 자들입니다. 그리고 예정하신 그것을 이루기 위해 인간의 역사 속에 들어오셨다가 죽으시고 부활 승천하신 주님께 연합되어 온전히 사로잡힌 자들이고, 이제 다시 오실 주님께 완전히 사로잡혀가게 될 것입니다. 그래서 날마다 온전히 사로잡힌 바 된 그것을 잡으려고 좇아가는 삶을 사는 것입니다.

이 땅에서 말씀을 살아내는 삶의 핵심은 십자가의 온전한 연합을 믿고 적용하는 삶입니다. 우리는 말씀을 살아내려고 하는 최대한의 노력에도 불구하고 늘 연약하고 부족함이 드러나게 되어 있습니다. 그때 우리는 자신의 연약함이 그리스도와 옛 생명이 함께 죽었다는 것을 믿어야 합니다. 더 나아가서 부활 승천하신 그리스도와 함께 보좌에까지 앉혀진 것을 믿고 영적인 오뚝이처럼 벌떡 일어나서 다시 위에서 부르신 부름의 상을 위하여 달려가는 것입니다.

바울은 이전 것은 지나갔고 새 것이 되었다고 말했습니다(고후 5:17). 연약함과 부족함이 드러나도 즉시 그 옛 생명이 그리스도와 함께 죽은 것이기에 지나간 것으로 믿어버리고 부활하신 예수님과 함께 연합하여 새 것이 되어 보좌에 앉혀졌다고 말합니다.

환영받지 못하신 예수님

어떤 그리스도인은 말씀을 살아내는 삶이 사회로부터 칭찬을 받는 것으로 오해하고 있습니다. 이는 우리의 신앙을 땅의 차원으로 끌어내리는 것입니다. 모든 사람들에게 칭찬받는 것이 참 신앙 같아 보이지만 초월적 영성의 삶은 그렇지 않을 수도 있습니다.

예수님이 아버지의 말씀대로 살아내실 때 고향 사람들은 예수님을 벼랑 끝으로 가서 떨어뜨리려 했습니다(눅 4:29). 바리새인들과 서기관들과 헤롯당은 예수님을 죽일 계획을 여러 번 세웠고, 가족과 친족들도 예수님이 미쳤다고 생각했습니다(막 3:20-23).

인간이 만든 종교나 다른 사상이 절대로 흉내 낼 수 없는 것이 있습니다. 우리가 아직 죄인 되었을 때 초월자 하나님이 우리를 위해 십자가에 죽으심으로 자기 사랑을 확증하셨습니다(롬 5:8). 이것이 어떤 신도 흉내 낼 수 없는 하나님의 속성입니다. 십자가는 어느 사상 속에도 없는 것이기에 십자가의 길을 걸으며 말씀을 살아내는 삶은 다른 사람에게 거치는 돌이 될 수도 있고 미련해 보이는 때도 있습니다. 그러나 그것은 오히려 능력이자 지혜일 수 있습니다.

"우리는 십자가에 못 박힌 그리스도를 전하니 유대인에게는 거리끼는 것이요 이방인에게는 미련한 것이로되 오직 부르심을 받은 자들에게는 유대인이나 헬라인이나 그리스도는 하나님의 능력이요 하나님의 지혜니라"(고전 1:23,24).

"네가 찬송받을 이의 아들 그리스도냐"라고 묻는 대제사장의 질문에 예수께서 아버지의 말씀대로 "내가 그니라 인자가 권능자의 우편에 앉은 것과 하늘구름을 타고 오는 것을 너희가 보리라"라고 하셨습니다. 그때 대제사장은 자기 옷을 찢으며 참람한 말을 들었다 하였고 사람들은 예수님을 사형에 해당한 죄로 정죄하고 침을 뱉고 얼굴을 가리고 주먹으로 치며 선지자 노릇을 하라고 희롱하고 하인들은 손바닥으로 때렸습니다(막 14:61-65).

십자가에 못 박힌 예수를 보고 지나가는 사람들은 자기 머리를 흔들며 "아하 성전을 헐고 사흘에 짓는다는 자여 네가 너를 구원하여 십자가에서 내려오라"라고 조롱하였습니다. 대제사장들과 서기관들도 희롱하며 서로 말하되 "그가 남은 구원하였으되 자기는 구원할 수 없도다… 지금 십자가에서 내려와 우리가 보고 믿게 할지어다"라고 했습니다(막 15:29-32).

어떻게 하면 세상으로부터 칭찬받을 수 있을까를 추구하는 것이 기독교 신앙의 본질이 아닙니다. 우리가 세상에서 말씀을 살아낼 때 예수님처럼 얼마든지 세상으로부터 조롱을 받을 수도 있습니다. 우리 신앙의 본질은 조롱을 받을지라도 아버지의 뜻대로 십자가의 길을 가는 것입니다.

"누구든지 나를 따라오려거든 자기를 부인하고 자기 십자가를 지고 나를 따를 것이니라"(막 8:34).

베드로는 대제사장의 집 뜰 안으로 끌려간 예수의 뒤를 멀찍이 쫓아갔습니다. 그런데 대제사장의 종과 곁에 섰던 자들이 베드로를 예수와 같은 당이라고 하는 말을 듣고 예수님을 모른다고 세 번 부인했는데 세 번째는 저주까지 했습니다. 베드로는 불과 몇 시간 전에 주와 함께 죽을지언정 주를 버리지 않겠다고 다짐했습니다. 그러나 결국 세상 사람들 앞에서 예수님을 부인했습니다(막 14:66-72). 주님을 배신하지 않겠다던 베드로의 결심은 참으로 기특해보였으나 믿음이 아닌 자기 의(義)에서 나온 것이었습니다. 자기 의로는 실패할 수밖에 없다는 좋은 예입니다. 베드로의 그러한 태도는 아직 성령 세례를 받지 못한 초월의 영성이 없는 사람의 모습을 보여줍니다.

베드로가 세상 사람들에게 조롱받지 않기 위하여 주님을 부인했듯이, 우리가 세상 사람들에게 조롱받지 않으려 할 때 말씀을 살아내는 삶에 실패를 가져올 수 있습니다. 온전한 믿음에서 비롯되는 말씀을 살아내는 삶은 조롱과 핍박을 받을지라도 예수님을 부인하지 않고 인정합니다. 그것이 바로 자기 부인의 절정이며 십자가의 길을 가는 모습입니다.

하나님의 공의와 사회정의를 혼돈하는 사람들이 많습니다. 하나님의 공의는 절대 사회의 일반통념으로 이해할 수 없는 십자가에 나타나 있습니다. 그래서 하나님의 공의를 한낱 사회정의 차원으로 강등시키는 것은 하나님을 모독하는 것입니다. 그와 같이 말씀을 살아내는 삶을 인간이 만든 종교나 다른 일반 사회 속의 사상에서도 얼마든지 발견할 수 있는 차원으로 끌어내리면 위험합니다.

마리아가 삼백 데나리온이나 되는 향유 옥합을 깨뜨려 예수님의 머리에 부었을 때 가룟 유다는 그것을 분히 여기며 가난한 자들에게 줄 수 있었겠다고 하면서 여자를 책망하였습니다. 가룟 유다가 주장한 것은 정말 근사한 모습입니다. 사회의 어느 누구에게도 칭찬을

들을 수 있는 행동입니다. 그런데 유다의 말은 거짓 복음이었습니다. 주님은 오히려 유다를 책망하시고 여인의 행동을 온 천하에 복음이 전파되는 곳에 함께 전파되게 하겠다고 하셨습니다. 그것은 예수님의 죽음을 준비하는 행위였기 때문입니다(막 14:3-9). 오늘날에도 그것은 마찬가지입니다. 많은 돈을 낭비하는 일이라고 손가락질 받는 일이 오히려 하나님나라를 위해 귀하게 쓰임받는 초월의 영성일 수도 있는 것입니다.

몸으로 산 제사를 드려라

바울은 로마서 1장부터 11장까지 하나님의 구원의 은총을 믿음으로 얻는 것에 대하여 말하고 나서 12장부터는 말씀을 살아내는 것을 말하기 시작합니다. 그 첫 부분인 1절에 "너희 몸을 하나님이 기뻐하시는 거룩한 산제물로 드리라 이는 너희가 드릴 영적 예배니라"라고 하며 제일 먼저 예배를 강조합니다. 그 영적인 예배가 바로 2절부터 묘사되는, 세상을 본받지 않는 삶의 근원이라고 말하고 있습니다. 그것은 다시 말해서 구원의 은총을 믿은 자는 그 구원을 찬양하고 예배하며, 예배를 통해 부어지는 성령의 충만함으로서 말씀을 살아낼 수 있게 된다는 것을 말합니다.

영적인 예배, 즉 몸으로 드리는 거룩한 산제사는 삶의 현장에서 말씀을 살아내는 삶의 예배를 말하기 이전에 그것의 근원이 되는 하늘 보좌에서의 초월적 영성으로 드리는 예배입니다. 유대인인 바울이 말하는 제물이라는 단어는 구약시대에 짐승을 잡아 드리던 성막제사를 생각나게 합니다. 그 성막제사가 영적인 예배로 변화된 것은 예수 그리스도께서 어린양으로서 십자가의 번제단에 제물이 된 은총 때문입니다.

그 은혜를 믿음으로 우리는 모두 그리스도와 함께 보좌에 앉혀졌습니다. 그리고 성령이 우리 심령 가운데 들어와 계십니다. 그래서 아버지께 예배하는 자인 우리는 영과 진리로 예배합니다. 우리 마음의 지성소에 들어와 계신 성령님을 예배할 때 성령님은 우리가 보좌에 앉은 자라는 정체성을 깨닫게 하십니다. 그래서 하늘 보좌에서 주의 영광을 바라보는 예배로 나아가는 것입니다.

하나님이 모세에게 임재의 처소로서 성막을 지으라고 명하셨습니다. 그런데 땅의 성막의 모델은 하늘에 있는 장막이었습니다.

"그들이 섬기는 것은 하늘에 있는 것의 모형과 그림자라 모세가 장막을 지으려 할 때에 지시하심을 얻음과 같으니 이르시되 삼가 모든 것을 산에서 네게 보이던 본을 따라 지으라 하셨느니라"(히 8:5).

"내가 보니 하늘에 증거 장막의 성전이 열리며"(계 15:5).

땅의 성막은 하늘 지성소를 그대로 반영합니다. 성막의 모형은 보좌에 계신 하나님의 생각 속에 있었던 것이고 그것을 모세에게 말씀하셨을 때 그 하늘 지성소의 모양이 모세의 순종의 삶을 통해 땅에 나타났습니다.

우리가 예수와 함께 부활한 몸으로서 하늘 지성소인 보좌에서 영적인 예배를 드리게 될 때 그 결과로서 땅에서 우리의 삶의 현장에서 삶의 예배로 성공하게 됩니다. 하늘 보좌에서의 예배의 성공은 땅에서의 삶의 예배의 성공으로 이어지며 그 예배의 성공의 결과로서 이 세상을 본받지 않고 오직 심령으로 변화를 받아 하나님의 기뻐하시고 선하시며 온전하신 말씀을 살아내게 됩니다.

오늘, 지금 하나님을 사랑하라

'창세전에 그리스도 안에서 택함받은 자'들은 이 땅에서 미리 천국의 삶을 삽니다. 하나님나라는 여기에 벌써 임했고, 저기(완성될 천국)를 향하여 전진하고 있습니다. 수학적 개념으로 볼 때 영원이라는 전체 집합 속에 '3차원의 세계' 즉 시간, 공간, 물질이 속해 있습니다. 우리는 3차원의 세계를 살고 있지만 그리스도 예수 안에 참 믿음이 있다면 시간과 공간과 물질을 초월하는 말씀을 살아내는 삶을 이 땅에서도 누릴 수 있습니다.

예수님은 "뜻이 하늘에서 이루어진 것같이 땅에서도 이루어지이다"(마 6:10)라고 기도하라고 하셨습니다. 하나님의 뜻은 하늘(영원 차원)에서 이미 이루어져 있습니다. 하늘에서 이루어진 하나님의 뜻을 이 땅에서 이루는 사람이 그리스도인입니다. 우리가 참 믿음만 있다면 이미 이루어진 영원한 하나님의 뜻을 언제 어디서나 어떤 상황 속에서도 당장 누릴 수 있습니다. 그래서 우리는 그리스도 안에 있는 믿음으로 '영원을 늘 현재와 같이' 살 수 있는 존재입니다. 또한 그리스도 안에 있는 우리는 내일 일을 염려할 필요가 없습니다.

"그러므로 내일 일을 위하여 염려하지 말라 내일 일은 내일이 염려할 것이요 한 날의 괴로움은 그 날로 족하니라"(마 6:34).

장래 일을 알게 하시는 성령님을 의지하여 꿈을 꾸는 것은 바람직한 일입니다(요 16:13). 그러나 하나님이 주시는 미래의 꿈은 꾸되 그 꿈을 이루기 위하여 우리는 현재의 삶에서 이루어지는 하나님의 영원한 뜻을 누려야 합니다. 오늘 하나님의 뜻을 이루고 말씀을 살아내지 못하면 하나님이 주신 미래의 꿈은 이룰 수 없습니다. '오늘, 지금' 말씀을 살아내는 것에 충실한 자에게 하나님의 꿈이 이루어지는 축복이 있습니다. 미래는 오늘이 쌓여서 이루어지기 때문입니다.

우리는 무엇보다 매일 주어지는 '오늘' '현재' '지금' 하나님을 믿고, 사랑하는 삶을 살아야 합니다. 왜냐하면 우리는 항상 현재를 살아가고 있으며, 하나님의 일은 하나님만 하시며 우리가 할 수 있는 단 하나의 하나님의 일은 하나님이 보내신 자를 믿고 사랑하는 것이기 때문입니다(요 6:29).

사탄은 우리가 과거의 상처나 실패에 붙잡혀 여전히 아파하게 하고, 현재의 문제로 고통받고 전전긍긍하게 하며, 미래의 일을 먼저 계산하게 하여 두려움 속에 살아가도록 공격합니다. 과거, 현재, 미래라는 시간에 묶이게 하는 것입니다.

요즈음 그 어느 때보다 한국 교회 안에 사탄이 두려움과 분리의 영으로 역사하고 있습니다. 예를 들어 베리칩에 대한 지나친 두려움으로 많은 성도들이 사탄에게 속아 두려움에 빠져 있게 하여 말씀을 살아내지 못합니다. 여러 가지 종말 현상으로 인해 미래를 예측하게 하면서 두려움으로 신앙생활을 하게 합니다. 두려움은 하나님이 주시는 마음이 아닙니다(딤후 1:7). 하나님의 영원한 사랑은 '과거, 현재, 미래'라는 3차원의 삶에서 벗어나 이 땅에서 영생을 살게 합니다.

"사랑 안에 두려움이 없고 온전한 사랑이 두려움을 내쫓나니 두려움에는 형벌이 있음이라 두려워하는 자는 사랑 안에서 온전히 이루지 못하였느니라"(요일 4:18).

미래의 베리칩을 경계하는 것보다 더 중요한 것은 오늘 하루의 삶에서 돈에게 절하지 않고 자아를 부인하는 삶입니다. 저의 멘토 목사님은 이렇게 말씀하셨습니다.

"요한계시록의 주제는 베리칩이 아닙니다. 어린양을 따라가는 것입니다."

저는 이 말에 백퍼센트 공감합니다. 우리는 오늘 하루의 삶에서 자아를 부인하고, 돈에게 절하지 않으며 우리 안에서 말씀하시는 어린양을 따라가기 위해 철저히 성령님을 의지하여 말씀을 살아내야 합니다. 오늘 돈에게 절하면 미래에 돈을 경배하라는 유혹을 이기기가 어렵습니다. 미래의 적그리스도에게 절하지 않으려면 오늘 그리스도 앞에서 자아를 부인하는 삶을 살아야 합니다.

고린도전서에서는 이렇게 말합니다.

"기록된 바 하나님이 자기를 사랑하는 자들을 위하여 예비하신 모든 것은 눈으로 보지 못하고 귀로 듣지 못하고 사람의 마음으로 생각하지도 못하였다 함과 같으니라"(고전 2:9).

여기서 잘 살펴보아야 할 것이 있습니다. '하나님이 사랑하는 자에게'가 아니라 '하나님을 사랑하는 자'라고 했습니다. 로마서 8장 28절도 "하나님을 사랑하는 자 곧 그의 뜻대로 부르심을 입은 자들에게는 모든 것이 합력하여 선을 이루느니라"라고 합니다. 잠언 8장 17절도 "나를 사랑하는 자들이 나의 사랑을 입으며"라고 말씀하셨습니다.

하나님은 "네가 먼저 사랑하면 나도 사랑해줄게"라고 하시는 옹졸한 분이 아닙니다. 하나님은 공의와 사랑의 하나님이시기에 그분은 우리를 단 한 순간도 사랑하지 않으신 적이 없습니다. 특히 십자가를 통해서 이미 완전한 공의와 사랑을 우리에게 보이시고 이뤄주셨습니다. 그러므로 우리가 십자가 앞에서 돌이켜 회개하고 그리스도를 구주(구원자와 주인)로 믿고 사랑하기 시작할 때 하나님이 이미 이루신 그 사랑을 마음껏 누리게 하십니다.

하나님께서 주시는 사랑으로 모든 두려움을 내어쫓고 하나님을 사랑합시다. 우리에게 주신 성령으로 말미암아 하나님의 사랑이 부음 바 되었기에(롬 5:5) 오직 성령을 좇아 어린양을 따라갈 때에 하나님을 사랑하게 됩니다.

저는 세계 금융의 중심인 월스트리트에서 이렇게 외치고 있습니다.

"돈을 숭배하지 마십시오. 자아를 사랑하지 마십시오. 하나님의 공의와 사랑 앞에 회개하고 복음을 믿으십시오! 그리고 하나님을 사랑하십시오. 주님께서 곧 세상을 심판하러 오십니다!"

그런데 하루는 한 성도가 이렇게 외치는 말을 들었습니다.

"주님께서 곧 오시는 것이 아닙니다. 주님은 이미 오셔서 건물 모퉁이에 숨어 계십니다!"

우리는 긴박한 종말의 때를 살고 있습니다. 이러한 때에 성령 안에서 늘 하나님이 위에서 주시는 평안과 믿음을 겸한 사랑을 가지고(엡 6:23) 하나님을 사랑하여 주님 오실 길을 예비해야 합니다.

다윗의 초월의 영성

예수께서 성전에서 가르치실 때 이런 말씀을 하셨습니다.

"어찌하여 서기관들이 그리스도를 다윗의 자손이라 하느냐 다윗이 성령에 감동되어 친히 말하되 주께서 내 주께 이르시되 내가 네 원수를 네 발아래에 둘 때까지 내 우편에 앉았으라 하셨도다 하였느니라 다윗이 그리스도를 주라 하였은즉 어찌 그의 자손이 되겠느냐"(막 12:35-37).

위의 말씀 속에 등장하는 첫 번째 '주'는 하나님 아버지이시고 두 번째 나오는 '주'는 하나님의 아들 예수 그리스도이십니다. 다윗은 예수 그리스도께서 오시기 천 년 전에 벌써 그리스도를 봤고 '주'라고 고백했습니다. 이러한 다윗의 신앙 속에 말씀을 살아내는 초월의 영성을 엿볼 수 있습니다.

다윗의 회개

예수 그리스도는 다윗의 후손으로 오셨습니다. 저는 성경에서 가장 신비한 사람이 다윗이라고 생각합니다. 가장 수치스러운 죄를 짓고 나서 회개한 내용인 시편 51편을 보면 다윗이 얼마나 신비한 인물인지 알게 됩니다. 우리는 다윗을 통해 메시아를 앙망하며 말씀을 살아내는 영성을 배울 수 있습니다.

다윗은 자신의 부하 우리아의 아내 밧세바를 범하고 나서 그것을 숨기려고 전쟁터에 있는 우리아를 불러들였습니다. 그러나 자신의 뜻대로 되지 않자 우리아를 최고의 격전지로 보내어 죽게 했습니다. 어떤 사람은 다윗답지 못한 행동이라고 생각할 수도 있습니다. 그러나 저는 다윗이 지극히 사람다운 모습을 보여주었다고 봅니다. 다윗은 자신이 어떤 존재인지 정확히 알고 있었습니다. 나단의 지적을 받고 그는 즉각 회개하며 자신의 정체성을 표현했습니다. 그것은 인간에 대한 정확한 통찰이었습니다.

"내가 죄악 중에서 출생하였음이여 어머니가 죄 중에서 나를 잉태하였나이다"(시 51:5).

그러나 다윗은 인간의 본성을 탓하지 않고 죄의 문제를 가볍게 넘기지 않았습니다. 그는 하나님의 공의 앞에서 자신은 죽은 죄인이라는 사실을 알았습니다. 그는 회개함으로 하나님께로 돌이켰습니다. 그는 인간론에 바탕을 두고 단계적으로 정확하게 회개했습니다.

첫째로 그는 죄를 씻어달라고 한 후에 죄를 지은 자신을 씻어달라고 했습니다.

"나의 죄악을 말갛게 씻으시며 나의 죄를 깨끗이 제하소서…우슬초로 나를 정결하게 하소서 내가 정하리이다 나의 죄를 씻어주소서 내가 눈보다 희리이다"(시 51:2,7).

하나님은 바울을 통하여 죄와 육신을 따로 다루신다는 것을 알려주십니다. 다윗도 그것을 정확히 알고 있었습니다.

"우리가 알거니와 우리의 옛 사람이 예수와 함께 십자가에 못 박힌 것은 죄의 몸이 죽어 다시는 우리가 죄에게 종노릇 하지 아니하려 함이니"(롬 6:6).

그리스도의 죽으심은 죄에 대한 죽음이고 또한 죄를 만들어내는 육신에 대한 죽음이기도 합니다(롬 6:11, 갈 5:24). 거미줄이 싫으면 거미를 잡아 박멸해야 합니다. 거미를 잡지 않고 거미줄만 청소하면 아무 소용이 없습니다. 거미줄이 죄라면 거미는 육신에 해당됩니다. 거미줄(죄)도 걷어내고 거미(육신)도 잡아 죽여야 합니다. 다윗은 그것을 정확히 알고 죄와 육신을 깨끗하게 해달라고 했습니다.

둘째로 다윗은 육신에게 죄를 짓도록 한 그 마음(생각)을 씻어달라고 한 후에 마음에 영향을 준 영을 새롭게 해달라고 합니다.

"하나님이여 내 속에 정한 마음을 창조하시고 내 안에 정직한 영을 새롭게 하소서"(시 51:10).

이 구절 속에 있는 '마음'은 히브리어 '레브'인데 '생각'을 뜻하는 단어입니다. 생각은 감정과 의지적 행동을 불러일으키기에 다윗은 혼적 생명의 시작점이 되는 생각을 씻어달라고 간구합니다. 또한 '영'은 히브리어로 '루아흐'인데, 하나님의 숨결 호흡인 영을 말합니다. 놀라운 회개의 모습입니다.

다윗은 죄를 제하여달라고 하는 데서 그치지 않고 죄를 짓도록 한 육체, 육체를 움직이도록 한 혼(마음)과 그 마음에 영향을 준 영을 차례로 정결케 하는 회개를 합니다. 즉, 죄만 제거하는 구약적 제사 시대 속에서도 다윗은 죄만 다루지 않고 죄의 근원인 자아를 완전히 부인하는 회개를 한 것입니다. 이것은 다윗이 이미 복음이신 그리스도의 십자가를 만나 시공을 초월하는 영성을 지녔음을 암시합니다(행 2:25,30,31, 시 110:1-4).

회개할 때 단순히 자신의 죄책감이라는 찝찝한 감정만을 털어내는 데 그치는 회개를 하는 사람이 많습니다. 단순히 자신이 인식할 수 있는 죄만 씻어달라고 하는 것이 진정한 회개가 아닙니다. 또한 단순히 잘못된 행동에서 돌이키는 것만도 진정한 회개가 아닐 수 있습니다. 왜냐하면 인간이 만든 종교적 행위로도 얼마든지 그 어떤 잘못된 행동에서 돌이킬 수 있기 때문입니다.

죄를 지었다는 것은 하나님을 무시한 것입니다. 사실 죄가 겉으로 드러나지는 않아도 우리는 수시로 하나님을 무시합니다. 하나님을 무시하는 무서운 자아는 살짝 가려둔 채 그저 자신이 계산할 수 있는 죄를 털어놓거나, 종교적이고 율법적으로 잘못된 행동을 멈추고 돌이키는 차원에서 빨리 상쾌한 마음을 갖고자 하는 것은 진정한 회개가 아닙니다. 죄의 뿌리는 하나님을 무시하여 하나님을 내 마음의 보좌에서 밀쳐내고 그 보좌에 앉은 자아입니다. 눈에 보이는 죄를 씻어달라거나 잘못된 행동만을 멈추기에 앞서 그 하나님을 무시했던 죄의 본질인 자아를 인정하고 그 자아가 예수 그리스도와 함께 십자가에 못 박혔음을 선포하여 자아를 처리하고 죄를 뉘우치며 행동에서 돌이키는 것이 진정한 회개입니다.

다윗이 회개한 목적

다윗이 회개한 첫 번째 이유는 성령을 구하기 위해서였습니다. 예수님이 승천하신 뒤에 제자들이 자신의 고정관념으로 메시아를 오해했던 모든 자아를 부인하는 기도에 힘쓰며 성령세례를 기다린 것과 매우 흡사한 모습이었습니다(행 1:14). 다윗은 죄를 회개하고 죄를 지은 육체와 마음 그리고 영을 새롭게 해달라고 한 뒤에 성령을 붙잡았습니다.

"나를 주 앞에서 쫓아내지 마시며 주의 성령을 내게서 거두지 마소서"(시 51:11).

구약시대에 자신에게서 하나님의 영이 떠나는 것을 슬퍼한 사람이 다윗 외에는 아무도 없습니다. 다윗은 죄 자체를 힘들어하는 것보다 그 죄로 인해 성령이 떠나는 것을 더 슬퍼했습니다. 지혜롭게도 다윗은 성령을 붙들기 위해 회개했습니다. 성령께서 떠나지 않도록 하기 위해서는 성령의 거처이신 영이 새로워져야 함을 알았고, 영이 새로워지려면 마음도 깨끗해지고 육신도 깨끗해지고 죄도 씻어져야 한다는 것을 알았습니다. 그는 단계적으로 정확하게 회개했습니다. 실로 그것은 신약시대 이후 그리스도의 십자가와 성령님을 깨달은 자의 고백과 같습니다.

다윗이 회개한 두 번째 이유는 구원의 즐거움을 회복하기 위해서입니다. 다윗은 성령을 거두지 말아달라고 한 후 곧바로 구원의 즐거움을 회복시켜달라고 간구했습니다.

"주의 구원의 즐거움을 내게 회복시켜주시고 자원하는 심령을 주사 나를 붙드소서"(시 51:12).

　죄를 지으면 구원의 확신까지 흔들리는 사람들이 있습니다. 죄로 인해 구원의 확신이 흔들린 자들은 자신이 계산할 수 있는 죄를 회개하고 나면 다시 구원에 대해 확신합니다. 구원이라는 놀라운 하나님의 은혜가 자신의 행위에 의해 흔들리는 모습입니다. 이러한 사람은 아직 하나님 아버지께서 원하시는 구원에 이르지 못한 사람일지도 모릅니다.

　다윗은 흉악하고 수치스러운 죄 가운데서도 구원의 확신이 흔들리지 않았습니다. 구원에 대한 즐거움을 회복하기를 원했습니다. 이 구원의 즐거움은 구원 자체이신 하나님과의 친밀함의 회복입니다. 하나님은 우리를 하나님을 즐거워하는 삶으로 이끌기 원하십니다. 하나님을 즐거워하지 못하게 하는 가장 큰 원수가 바로 죄와 자아입니다. 죄가 있으면 수치감과 두려움으로 하나님의 낯을 피하게 되고 죄의 근원인 자아로 인해 하나님을 수시로 무시하는 행동을 합니다. 다윗은 죄와 자아를 처리하면서 성령님을 붙들고 성령으로 인해 하나님을 즐거워하는 것을 회복하기 원했습니다.

회 개 후 전 도 를 결 심 한 다 윗

　다윗의 회개기도의 영성은 전도의 영성으로 이어집니다. 다윗은 회개를 통해 성령님을 붙잡고 구원의 즐거움이 회복되어지면 다른 범죄자들에게 주의 도를 가르칠 것이라고 말했습니다.

"그리하면 내가 범죄자에게 주의 도를 가르치리니 죄인들이 주께 돌아오리이다"(시 51:13).

회개는 관계성과 연관되어 있습니다. 먼저 회개는 하나님께 하는 것입니다. 그다음에 사람에게 직접 용서를 구하는 것이며, 더 나아가서 회개해야 될 사람들에게 주의 도를 전파해야 합니다. 다윗은 개인적 회개에 그치지 않고, 타인의 회개에도 관심을 가졌습니다. 이것이 진정으로 하나님께 회개한 자가 회개 후 말씀을 살아내는 태도입니다. 이기적인 회개에 멈추지 않고 주변의 죄인들에게 복음을 전파하여 주의 도를 알려야 합니다.

다윗의 기도와 예배의 영성 및 회개의 영성을 많은 사람들이 사모합니다. 그런데 다윗이 전도의 영성을 소유한 예배자 및 중보기도자라는 것을 놓쳐서는 안 됩니다. 다윗은 장막 안에서 주의 얼굴만을 구했던 자가 아닙니다. 그는 자신의 일상 속에서 사자나 곰에게 잡아먹히는 양을 구했던 야성의 소유자였고 늘 전쟁터로 나갔던 군사였습니다.

"다윗이 사울에게 말하되 주의 종이 아버지의 양을 지킬 때에 사자나 곰이 와서 양 떼에서 새끼를 물어가면 내가 따라가서 그것을 치고 그 입에서 새끼를 건져내었고 그것이 일어나 나를 해하고자 하면 내가 그 수염을 잡고 그것을 쳐죽였나이다"(삼상 17:34,35).

많은 하나님의 자녀들이 수많은 집회와 예배 현장에서 십자가의 보혈을 의지하여 죄를 회개하고 성령의 임재를 사모합니다. 하지만 그 결과로서 예수 그리스도를 구주로 믿지 않는 다른 죄인을 향해 주의 도를 가르치고 전파하는 자들은 많지 않습니다. 집회 현장에서 부르는 찬양 가사들 중에서는 '십자가, 보혈, 열방, 잃어버린 영혼, 아버지 마음, 부흥, 전하리' 등 실제로 영혼 구원과 관계된 표현이 많습니다. 많은 사람들이 그 곡들을 감동적으로 부르지만 실제로 집회가 끝나고 난 뒤에 가사대로 전도하는 사람은 많지 않습니다.

예배 안에서의 회개와 찬양이 개인에게 적용되는 것으로 그쳐서는 안 됩니다. 성령의 임재 체험은 그 자체로 끝나면 아무 의미가 없습니다. 성령님은 예수님을 증거하는 영이십니다. 집회의 현장에서 회개를 통해 용서를 체험하고 성령의 기름부으심을 체험하고 구원의 즐거움을 회복했다면 그 구원의 즐거움을 가지고 세상에 나가서 말씀을 살아내어 범죄자들에게 가장 놀라운 선물인 죄사함을 전파하고 가르쳐야 합니다.

그리스도와 성령을 계시받은 다윗

"다윗을 왕으로 세우시고 증언하여 이르시되 내가 이새의 아들 다윗을 만나니 내 마음에 맞는 사람이라 내 뜻을 다 이루리라 하시더니 하나님이 약속하신 대로 이 사람의 후손에서 이스라엘을 위하여 구주를 세우셨으니 곧 예수라"(행 13:22,23).

다윗이 하나님께로부터 마음에 합한 사람이라는 칭찬을 받은 이유에 대해 어떤 이는 그의 '즉각 회개하는 영성'을 이유로 꼽습니다. 어떤 이는 다윗이 하나님이 찾으시는 참된 예배자였기 때문이라고 합니다. 그러나 무엇보다도 그 이유는 인류 구원에 대한 하나님의 뜻인 그리스도 십자가와 성령을 정확하게 계시하는 데 다윗이 쓰임 받았기 때문입니다. 하나님의 뜻의 핵심은 예수 십자가와 성령이기 때문입니다. 다윗이 회개한 내용인 시편 51편 속에 바로 그리스도와 성령님에 대한 놀라운 계시가 담겨 있습니다.

다윗의 '성령을 거두지 마소서'라는 기도는 그 시대에 참으로 신비한 기도였습니다. 성령님은 구약시대에도 하나님의 통치 선포, 심판에 대한 경고, 구원과 회복의 메시지, 기적과 이사와 같은 하나님의 일에 하나님의 사람들이 쓰임 받을 수 있도록 능력으로 역사했습니다. 그러나 구약시대는 성령님이 그 영혼들 속에 내주하시는 시대는 아니었습니다. 앞서 말했듯이 구약시대에 하나님의 영이 떠나가는 것을 탄식하며 붙들려고 했던 유일한 사람이 바로 다윗입니다.

그렇다면 다윗은 과연 어떻게 해서 성령을 붙들어야 한다고 생각한 것일까요? 예수님의 십자가 사건 뒤에 성령의 세례가 있었습니다. 성령님은 십자가와 관련이 있습니다. 따라서 다윗이 성령님을 붙들어야 할 것을 깨달았다는 것은 십자가에 대한 깨달음이 분명히 있었다는 것을 암시합니다. 놀랍게도 시편 51편 속에 십자가에 관련된 선언이 나옵니다.

"주께서는 제사를 기뻐하지 아니하시나니 그렇지 아니하면 내가 드렸을 것이라 주는 번제를 기뻐하지 아니하시나이다"(시 51:16).

구약시대에는 잘못이 드러나면 잘못에 해당하는 제물을 갖고 와서 하나님께 제사를 드림으로 하나님의 용서를 구하게 되어 있습니다. 그런데 다윗은 주께서 제사를 즐기시지 않고 기뻐하시지 않기 때문에 제사를 드리는 대신 기도한다고 말합니다. 히브리어 원문에는 '만약 하나님이 제사를 즐기신다면 제물을 가지고 왔을 것이다'라고 더 정확하게 표현합니다. 실로 이것은 구약시대에서는 파격적인 발언이 아닐 수 없습니다. 그 선언은 구약시대와 율법을 초월한 그리스도의 십자가 복음과 관련된 표현입니다.

다윗이 여호와 하나님께로부터 십자가를 정확히 계시받았다는 것을 확실히 뒷받침해주는 말씀이 시편 110편입니다. 시편 110편은 다윗의 다른 어떤 시들보다 메시아의 오심에 대해 가장 직접적으로 표현한 시입니다. 다윗은 처음부터 놀라운 표현을 했습니다.

"여호와께서 내 주에게 말씀하시기를 내가 네 원수들로 네 발판이 되게 하기까지 너는 내 오른쪽에 앉아 있으라 하셨도다"(시 110:1).

베드로도 오순절 날 성령세례를 받고 나서 "다윗은 하늘에 올라가지 못하였으나 친히 말하여 이르되 주께서 내 주에게 말씀하시기를 내가 네 원수로 네 발등상이 되게 하기까지 너는 내 우편에 앉아 있으라 하셨도다"(행 2:34,35)라고 시편 110편의 말씀을 정확하게 인용했습니다.

다윗은 시편 110편 4절에서 그리스도께서 '멜기세덱의 서열을 따라 영원한 제사장'이라고 했는데, 히브리서 기자는 멜기세덱이 하나님의 아들과 같다고 하며 그리스도라는 것을 설명합니다(히 6-7장). 2절의 '권능의 규'도 성령을 의미합니다. 이 시 속에 '여호와 하나님, 그리스도, 성령' 즉 삼위일체 하나님이 그대로 소개되고 있습니다.

다윗은 구약 속의 신약과 같은 51편과 110편뿐 아니라 시편의 여러 곳에서 그리스도의 고난과 십자가(시 22:1-31, 31:5, 11, 34:20, 69:21, 109:1-3, 25-28), 부활(시 16:10), 승천 보좌(시 110:1, 118:16-23), 심판(시 110:6)에 대하여 정확하게 표현하고 있습니다. 이 구절을 통해 다윗은 성령의 계시로 시공을 초월하여 그리스도를 직접 만나서 천 년 뒤에 있을 십자가 사건에 대해 그리스도께서 직접 설명하는 것을 들었다고 볼 수 있습니다. 마치 예수님이 사도 요한에게 직접 나타나셔서 수천 년 뒤에 있을 마지막 심판에 대한 것을 미리 보게 하시고 기록하게 하신 것처럼 말입니다.

온 인류 구원의 핵심인 그리스도의 십자가와 성령이 다윗에게 계시된 것을 보면, 다윗이 하나님께 "내 마음에 맞는 사람이라"고 칭찬을 받은 것이 당연하게 여겨집니다.

다윗의 초법적 삶과 예배

다윗이 성령님으로 인해 그리스도의 십자가를 정확하게 계시받았다는 것을 짐작할 수 있는 것은 시편의 고백에서만이 아니라 그의 삶 자체에도 있습니다. 그는 신약시대를 사는 것과 같은 복음에 합당한 삶 즉 말씀을 살아냈습니다. 다윗이 성령께서 주시는 계시와 통찰로써 그리스도의 고난과 십자가에 달린 모습을 연상케 하는 많은 고백을 한 것을 볼 때, 그는 그리스도의 죽음이 자신을 위한 죽음으로서 그 죽음에 연합된 것을 알았던 것 같습니다.

그는 사울이 자신을 죽이려고 했을 때 "이스라엘 왕이 누구를 따라 나왔으며 누구의 뒤를 쫓나이까 죽은 개나 벼룩을 쫓음이니이다"(삼상 24:14)라고 했습니다. 사울의 살해 위협이라는 극심한 고난 앞에서 다윗은 자신이 '죽은 개나 벼룩'과 같다고 합니다. 이것은 그리스도와 함께 죽은 정체성으로 용서하며 이겨내는 모습입니다.

또한 그는 율법을 초월한 행동을 한 아주 예외적인 사람이었습니다. 안식일에 예수께서 밀밭 사이로 지나가실 때 그의 제자들이 길을 열며 이삭을 잘랐습니다. 그때 바리새인들이 예수께 "보시오 저들이 어찌하여 안식일에 하지 못할 일을 하나이까"라고 물었습니다. 그러자 예수께서는 "다윗이 자기와 및 함께한 자들이 먹을 것이 없어 시장할 때에 한 일을 읽지 못하였느냐 그가 아비아달 대제사장 때에 하나님의 전에 들어가서 제사장 외에는 먹어서는 안 되는 진설

병을 먹고 함께한 자들에게도 주지 아니하였느냐"라고 말씀하시면서 다윗의 행동을 변호하셨습니다(막 2:23-26).

구약시대를 살면서도 이렇게 그리스도의 십자가의 복음을 누릴 수 있던 이유는 항상 주의 장막에서 그리스도의 얼굴만을 구했던 다윗의 예배와 기도 때문입니다. 그리스도의 얼굴만 구한 기도의 응답으로 그는 항상 자신 앞에 계신 주를 보았다고 고백했습니다.

"다윗이 그를 가리켜 이르되 내가 항상 내 앞에 계신 주를 뵈었음이여…"(행 2:25).

베드로의 고백대로 다윗은 하늘에 직접 올라가지 않았음에도 불구하고 하늘 보좌에서 여호와께서 주(그리스도)께 "내가 네 원수로 네 발등상이 되게 하기까지 너는 내 우편에 앉아 있으라 하셨도다"라고 말씀하신 것을 들었습니다(행 2:34,35). 다윗이 그 음성을 어디서 들었을까요? 그것은 그의 장막이었습니다. 그는 장막에서 항상 주의 보좌를 체험했습니다.

다윗의 초법적 삶의 하이라이트는 바로 장막의 예배입니다. 하나님의 임재의 상징인 이스라엘의 법궤는 성막의 지성소에 있었습니다. 그 성막 시대에서 성전 시대로 넘어가는 과도기에 하나님의 임재의 상징인 법궤가 다윗의 장막을 임시처소로 삼고 있었습니다(삼하 6:17). 다윗은 언제나 자신의 장막 안에 있는 법궤 앞으로 나아가 주님을 만날 수 있었습니다. 이것은 구약시대에 오직 다윗에게만 주어졌던 놀라운 특권이었습니다(시 27:4-9).

하나님이 정하신 법에 의하면 지성소에 있는 법궤 앞에 설 수 있는 자는 오직 대제사장 한 사람뿐입니다. 대제사장도 일 년에 딱 한 번 대속죄일에만 들어갈 수 있었습니다. 일 년에 한 번 돌아온 대속죄일에 대제사장이 성막 뜰의 번제단과 물두멍 그리고 성소 안에서의 까다로운 모든 제사 절차를 온전히 수행하고 나서 휘장을 걷고 지성소 안으로 들어가서 법궤 위 속죄소 위에 제물의 흠 없는 피를 뿌리고 나서야 하나님의 영광의 임재를 맛볼 수 있었습니다.

그런데 다윗은 대제사장이 아님에도 모든 절차를 생략하고 자신의 장막의 겉 입구에 해당하는 천만 걷어올리면 법궤를 만날 수 있었습니다. 그리고 그 법궤 앞에서 주의 아름다움을 앙망하고 주의 얼굴을 구할 수 있었습니다. 그래서 그가 "내가 항상 내 앞에 계신 주를 뵈었음이여"라고 표현한 것입니다. 다윗이 그런 특권을 누릴 수 있었던 것은 오직 율법의 완성이신 그리스도의 십자가와 성령에 대한 계시와 그 계시에 대한 완전한 믿음이 있었기 때문입니다. 그 믿음으로 담대히 보좌(법궤) 앞에 나아가 그리스도께서 보여주시고 말씀하시는 십자가에 대한 계시를 받고 그 계시로 초법적인 삶을 살았습니다.

늘 주의 얼굴만을 구하며 성령충만하여 그리스도를 계시받고, 그 앞에 계신 그리스도를 뵈며 그리워했던 다윗, 그는 교회인 우리가 재림 예수님을 어떻게 사모하며 말씀을 살아내야 하는가를 알려주는 하나님 마음에 합한 자였습니다.

"내가 여호와께 바라는 한 가지 일 그것을 구하리니 곧 내가 내 평생에 여호와의 집에 살면서 여호와의 아름다움을 바라보며 그의 성전에서 사모하는 그것이라…너희는 내 얼굴을 찾으라 하실 때에 내가 마음으로 주께 말하되 여호와여 내가 주의 얼굴을 찾으리이다 하였나이다"(시 27:4,8).

절망 중에 임한 계시

하나님이 다윗에게 인류 구원의 핵심인 그리스도의 십자가와 성령을 계시해준 것은 신앙적인 성공을 이루었을 때가 아닙니다. 골리앗을 넘어뜨리고 이스라엘을 블레셋으로부터 구원했을 때라든지, 사울을 죽일 수 있었음에도 불구하고 죽이지 않았던 멋진 신앙의 모습을 나타냈을 때 받은 계시가 아닙니다.

시편 51편은 다윗이 밧세바를 범하고 그의 남편 우리아를 죽인 죄를 지적받았을 때 회개한 기도 내용입니다. 다윗의 인생에서 가장 큰 수치로 인해 절망 속에 빠져 있을 때의 회개기도 속에 하나님의 인류 구원 계획이 놀랍게 계시된 것입니다. 이 사실은 하나님이 어떤 분이신지 깨닫게 합니다. 하나님의 경륜은 우리가 측량할 수 없습니다. 많은 사람들이 우리가 잘 순종하면 하나님이 그분의 일을 하신다고 믿고 있습니다. 당연히 그 의견에 동의합니다. 성경의 인물들 중 아브라함을 비롯한 많은 믿음의 선조들이 순종하여 놀라운 하나님의 뜻을 이루었습니다.

그런데 하나님은 우리가 완벽하게 순종할 때만 하나님의 일을 하시는 분이 아닙니다. 하나님은 우리가 절망에 빠져 있거나 연약한 모습을 보이거나 실수할 때도 그분의 일을 하시는 분이라는 것을 놓쳐서는 안 됩니다. 성경은 바로 실수투성이인 인간의 연약함 속에서도 하나님의 놀라운 구속사가 진행되는 것을 보여줍니다. 이것이 인간이 만든 종교와 확연히 구별되는 점입니다.

'다말, 라합, 룻, 밧세바, 마리아.' 이 다섯 명의 여인은 마태복음 1장의 영광스러운 메시아의 족보에 나오는 인물입니다. 그런데 공교롭게도 다섯 명 모두 당시 상황에서 부도덕한 행위를 한 여인으로 비판을 받을 수 있는 모습의 여인들입니다.

또한 마태복음의 영광스런 메시아의 족보 가운에 모든 조상들은 누가 누구를 낳았다는 표현으로 지나가는데 오직 다윗에 대한 표현은 남의 아내를 취하여 아들을 낳았다는 파렴치한 죄를 그대로 드러내고 있습니다. 하나님은 하나님의 사람들의 온전한 순종을 통해 메시아의 뿌리를 이어갔을 뿐만 아니라, 우리가 이해할 수 없는 여러 가지 행동을 한 사람을 통해서도 메시아의 족보를 만들었습니다. 이 두 가지를 놓쳐서는 안 됩니다.

하나님의 놀라운 은혜와 경륜은 측량할 수 없습니다. 인간의 작은 머리로 이해할 수 있는 수준이 아닙니다. 인간의 머리로 이해할 수 있는 수준의 하나님은 하나님이 아니십니다. 절망스러운 상황 가운데에도 하나님의 구속사는 진행되고 있습니다. 하나님을 만홀히 여기지 말아야 합니다. 지금 아무리 절망적인 상황 가운데 있을지라도 낙심하지 말아야 합니다. 나와 온 인류를 향한 하나님의 구원 계획은 반드시 이루어지고 있기 때문입니다.

말라기 선지자가 말한 '크고 두려운 날'은 초림 메시아가 오시는 날을 의미하면서도 재림 메시아가 오시는 날을 의미하기도 합니다. 엘리야의 심령과 능력을 가지고 세례 요한이 초림 메시아의 길을 준비했듯이, 교회도 엘리야의 심령과 능력으로 말씀을 살아내어 재림하실 예수 그리스도의 길을 준비하고 하나님이 찾으시는 영혼을 예수 그리스도께로 인도해야 합니다.

chapter 2

기다림의 영성

기다림의 영성 ::

엘리야,
세례 요한 그리고 교회

구약의 마지막 선지자인 세례 요한은 사람으로 오신 말씀이신 하나님, 즉 예수님의 초림을 예비한 사람이었습니다. 누가복음 1장 17절에 "그가 또 엘리야의 심령과 능력으로 주 앞에 먼저 와서 아버지의 마음을 자식에게, 거스르는 자를 의인의 슬기에 돌아오게 하고 주를 위하여 세운 백성을 준비하리라"라고 한 대로 세례 요한은 말씀을 살아내어 그리스도의 오실 길을 예비했습니다. 예수님의 죽으심, 부활, 승천, 보좌에 앉으심, 성령의 임하심을 통하여 세워진 교회는 세례 요한처럼 말씀을 살아내며 다시 오실 예수님의 길을 예비해야 합니다.

한 사람을 쓰시는 하나님

BC 870년경 엘리야가 이스라엘을 바알에게서 돌이키고 여호와 하나님만이 참 하나님이심을 선포했습니다. 그리고 약 400년 뒤에 하나님이 말라기 선지자를 통하여 크고 두려운 날이 이르기 전에 엘리야를 다시 보내겠다고 하셨습니다(말 4:5). 말라기 선지자가 활동한 직후 BC 4세기경부터 약 400년 동안 선지자가 없었던 '암흑기'인 '중간기'에 하나님이 세례 요한을 준비하셨습니다.

누가는 세례 요한이 "엘리야의 심령과 능력"으로 와서 예수님의 길을 예비할 것이라고 말했고(눅 1:17), 예수님은 세례 요한을 가리켜 자신보다 먼저 온 엘리야라고 하셨습니다. 그러므로 말라기에서 말한 '크고 두려운 날'의 첫 번째 의미는 메시아의 초림을 가리킵니다.

또한 말라기서 4장 1절에서 "만군의 여호와가 이르노라 보라 용광로 불 같은 날이 이르리니 교만한 자와 악을 행하는 자는 다 지푸라기 같을 것이라 그 이르는 날에 그들을 살라 그 뿌리와 가지를 남기지 아니할 것이로되"라고 표현한 것을 보면 '크고 두려운 날'의 두 번째 의미는 예수님의 재림과 더불어 다가올 마지막 심판의 때입니다. 그러면 이 심판 직전의 때 또다시 와야 할 엘리야는 누구일까요?

지금 이 시대는 그 어느 때보다 그리스도의 재림을 준비하도록 하는 메시지가 왕성한 때입니다. 많은 이들이 신랑을 맞이할 신부로서 교회가 성결해지기 위해 회개해야 한다고 외칩니다. 그것은 자기 백성들이 돌이키기를 원하시는 아버지의 마음을 대변한 엘리야의 심령입니다(왕상 18:21,37).

회개를 촉구하는 엘리야의 심령과 더불어 반드시 회복되어야 할 또 다른 교회의 모습이 있습니다. 그것은 엘리야의 능력입니다. 세례 요한이 엘리야의 심령과 능력으로 초림 메시아의 길을 예비한 것처럼 신부인 교회도 엘리야의 심령과 능력으로 말씀을 살아내며 예수님의 다시 오심과 심판의 때를 예비해야 합니다.

예수 그리스도는 이 땅에 오셔서 아버지의 심령으로 창조된 백성들이 아버지의 나라로 돌이키기를 바라며 회개를 촉구하셨습니다. 그뿐 아니라 아버지의 능력으로 따르는 표적을 통하여 아버지의 나라를 더욱 확실히 선포하며 가르치셨습니다. 그분은 직접 하나님 나라의 문으로서 어린양이 되셔서 모든 사람을 위하여 죽으시고 부활하셨으며, 다시 오시겠다고 약속하신 뒤 승천하여 하늘 보좌에 앉으셨습니다. 그리고 보좌에서 그의 죽으심과 부활을 믿는 자들에게 성령을 부으셔서 교회를 세우셨습니다.

그리스도의 몸인 우리는 그리스도와 함께 죽고 부활했으며, 함께 보좌에 앉아 있습니다(엡 2:5,6, 계 3:21). 그것을 깨닫게 하시기 위해 성령님이 교회의 지체들 안에 거하십니다(요 14:20). 성령을 의지하여 머리 되신 예수님의 재림을 기다리는 그리스도인의 몸이 바로 교회입니다. 바울은 에베소서에서 유대인과 이방인을 한 새사람으로 지어

화평케 하셨다고 하면서, 그 한 새사람이 하나님의 거하실 처소가 되기 위해 지어져가는 성전이라고 했습니다(엡 2:15-22).

한 사람 엘리야가 이스라엘로 하여금 여호와 하나님만이 참 하나님임을 찬양하게 했고, 한 사람 세례 요한이 한 사람 예수 그리스도의 길을 예비했습니다. 그리고 한 사람 예수 그리스도께서 죽으시고 부활 승천하셔서 보좌에 앉으시고 성령을 보내시어 한 새사람 교회를 세우셨습니다. 그리고 예수님은 신부인 교회를 들어올리시기 위해 올라가신 모습 그대로 다시 오시겠다고 하셨습니다.

크고 두려운 날, 즉 신랑의 재림의 날 직전에 나타나야 할 엘리야는 바로 한 새사람으로서의 교회인 것입니다. 따르는 표적을 통하여 하나님나라를 더욱 확실히 선포하셨던 예수 그리스도께서는 지금도 교회를 통하여 하나님의 심령과 능력을 가지고 말씀을 살아내도록 하여 하나님나라를 선포하기를 원하십니다. 한 새사람으로서의 교회는 머리 되신 그리스도, 어제나 오늘이나 영원토록 동일하신 예수께 붙어 있는 몸으로서의 신부이기 때문입니다.

우리는 예수님이 "아버지께서 하시는 일을 보지 않고는 아무것도 스스로 할 수 없나니"(요 5:19)라고 말씀하신 것을 놓치면 안 됩니다. 이것이 가장 중요합니다. 성령의 능력 안에서 아들은 오직 아버지께만 집중하며 아버지의 영광만을 드러내고 아버지만을 높여드리며 아버지의 심령과 능력으로 말씀을 살아내셔서 모든 백성이 아버지께로 돌이키도록 사역했습니다.

예수님이 "내가 진실로 진실로 너희에게 이르노니 나를 믿는 자는 내가 하는 일을 그도 할 것이요 또한 그보다 큰일도 하리니 이는 내가 아버지께로 감이라"(요 14:12)라고 말씀하셨습니다. 마지막 때에 교회는 정결한 신부로서 말씀을 살아내어 재림하실 예수님을 맞이해야 합니다. 그러기 위해서는 그리스도께서 아버지에게만 집중하면서 아버지의 영광만을 나타내셨던 것과 같이, 교회도 오직 그리스도의 영광만을 나타내도록 성령의 능력 안에서 그리스도께만 집중해야 합니다.

엘리야의 심령과 능력으로 온 세례 요한

이스라엘 백성이 여호와 하나님을 버리고 바알과 아세라를 섬기는 우상숭배가 극심했을 때 하나님은 엘리야 선지자를 사용하셨습니다. 엘리야 선지자는 이스라엘 백성들을 향하여 "너희가 어느 때까지 둘 사이에서 머뭇머뭇하려느냐"(왕상 18:21)라고 외쳤습니다. 그리고 하나님을 향해 부르짖었습니다.

"응답하소서! 주 여호와께서 하나님이신 것과 하나님께서 백성들을 되돌이키심을 알게 하소서."

엘리야는 바알에게서 하나님께로 돌이키라고 백성들에게 회개를 외친 선지자였습니다. "회개하라!" 이것이 바로 엘리야의 심령을 잘 나타내주는 표현입니다.

엘리야는 회개를 외침과 동시에 크고 위대하신 하나님의 능력을 나타냄으로 백성을 하나님께로 돌이키게 했습니다. 그가 회개를 외치고 난 뒤 "불을 내리소서!"라고 기도하자, 하늘에서 불이 내려와 번제물과 나무와 돌과 흙을 태웠습니다. 이것을 보고 백성은 일제히 엎드리며 "여호와 그는 하나님이시로다"라고 인정하며 마음을 돌이킵니다. 하나님 이외에 다른 신을 섬기던 자들이 하나님의 초자연적인 능력 앞에 무릎을 꿇고 회개하게 되는 것입니다.

엘리야가 3년 6개월 동안 비가 오지 않도록 기도하자 하나님이 그의 기도에 응답하셔서 비가 오지 않았습니다. 그리고 다시 비가 오도록 간절히 기도하자 하나님이 비를 내리셨습니다. 사르밧 과부의 집에서 한줌의 보릿가루와 적은 기름으로 여러 날을 먹어도 없어지지 않게 하였고 과부의 아들이 죽은 것을 다시 살려주었습니다. 마지막으로 그는 엘리사가 보는 앞에서 회오리바람을 타고 승천하였습니다.

예수님이 세례 요한에 대하여 "기록된 바 보라 내가 내 사자를 네 앞에 보내노니 그가 네 길을 네 앞에 준비하리라 하신 것이 이 사람에 대한 말씀이니라"(마 11:10)라고 하셨습니다. 그리고 세례 요한이 엘리야의 모습으로 왔다(마 17:10-13)고 표현했습니다. 하나님이 말라기 선지자를 통하여 말씀하신 크고 두려운 날이 오기 전에 엘리야가 올 것이라고 하신 것을 그리스도 예수께서 직접 확증해주신 것입니다.

세례 요한이 주 앞에 큰 자가 되었다는 것은(눅 1:15) 시기적으로 주님보다 앞에 와서 주님의 오심을 예비하는 큰일을 행할 것이라는 의미입니다. 세례 요한이 행한 큰일이 무엇이었을까요? 그것은 바로 엘리야의 심령으로 회개의 세례를 베풀며 많은 사람을 회개케 하며 주의 길을 예비한 것입니다.

"세례 요한이 광야에 이르러 죄 사함을 받게 하는 회개의 세례를 전파하니"(막 1:4).

많은 사람들이 '세례 요한'이라는 이름을 떠올리면 '광야에서 외치는 소리' 또는 '회개의 세례를 전파한 선지자'라고 공식처럼 생각합니다. 그런 고정관념 때문에 세례 요한이 엘리야의 심령뿐 아니라 능력으로도 올 것이라는 누가의 표현에는 관심이 없는 경향이 있습니다.

공관복음에 세례 요한이 엘리야처럼 기적을 행했을 것으로 추정해볼 수 있는 표현들이 나옵니다(마 14:1,2, 막 6:7-16, 눅 9:7-9). 예수님의 제자들이 회개의 메시지를 전하며 귀신을 쫓아내고 병자에게 기름을 발라 고쳤습니다. 이 소식을 들은 헤롯 왕은 말했습니다.

"세례 요한이 죽은 자 가운데서 살아났도다 그러므로 이런 능력이 그 속에서 일어나느니라"(막 6:14).

많은 사람들도 "그가 엘리야라 하고 또 어떤 이는 그가 선지자니 옛 선지자 중의 하나와 같다"라고 했습니다(막 6:15).

또한 예수님이 가이사랴 빌립보 여러 지방으로 다니시다가 가는 길에 제자들에게 "사람들이 나를 누구라고 하느냐"라고 물으셨습니다. 그때 제자들은 "세례 요한이라 하고 더러는 엘리야, 더러는 선지자 중의 하나라 하나이다"라고 대답했습니다(막 8:27,28). 그것으로 보아 당시 거의 모든 사람들이 세례 요한을 능력의 선지자 엘리야 또는 기적을 행하셨던 예수님과 같은 맥락에서 이해하고 있다는 것을 알 수 있습니다.

여인이 낳은 자 중 가장 큰 자

공관복음을 통하여 세례 요한이 엘리야의 능력으로 기적을 베풀었을 것으로 추정해볼 수 있음에도 불구하고 세례 요한이 기적을 일으켰다는 직접적인 묘사는 전혀 없습니다. 요한복음에는 간접적인 묘사조차 없을 뿐더러 세례 요한이 표적을 행하지 않았다는 표현이 나옵니다.

"많은 사람이 왔다가 말하되 요한은 아무 표적도 행하지 아니하였으나 요한이 이 사람을 가리켜 말한 것은 다 참이라 하더라 그리하여 거기서 많은 사람이 예수를 믿으니라"(요 10:41,42).

어떤 사람들은 세례 요한이 아무 표적을 행하지 않았다고 표현했는데 그에 대하여 요한복음의 저자인 사도 요한은 그들의 의견이 틀

렸다고 반박하지 않았습니다. 사도 요한은 세례 요한이 표적은 행하지 않았으나, 그가 예수님에 대해 말한 내용에 대하여 많은 사람이 진실이라고 받아들이고 예수님을 믿게 되었다고 했습니다. 즉 세례 요한은 표적과는 상관없이 많은 사람을 예수께로 인도하는 놀라운 능력을 나타냈습니다.

세례 요한이 하나님의 놀라운 능력을 체험했다는 증거는 그리스도를 알아보고 "보라 세상 죄를 지고 가는 하나님의 어린양이로다"라고 정확히 묘사하여 많은 사람들을 믿게 한 것으로 알 수 있습니다(요 1:29-36). 그리스도를 알아보고 정확히 묘사하는 능력만큼 큰 능력이 어디 있을까요? 그래서 예수님은 세례 요한이 여인이 낳은 자 중 가장 큰 자라고 표현하셨습니다.

더 나아가서 그는 이렇게 말했습니다. "나는 물로 세례를 베풀거니와 너희 가운데 너희가 알지 못하는 한 사람이 섰으니 곧 내 뒤에 오시는 그이라 나는 그의 신발끈을 풀기도 감당하지 못하겠노라 하더라"(요 1:26,27). 또한 "그는 흥하여야 하겠고 나는 쇠하여야 하리라"라고 말하며, 사람들로 하여금 오직 주님께만 집중하도록 인도했습니다(요 3:30).

세례 요한은 성령충만한 가운데 그 능력을 오로지 예수 그리스도께로만 초점을 맞추는 데 사용했습니다. 초림 메시아를 예비한 세례 요한의 사역 모습은 오늘날 그리스도의 몸 된 교회의 성도들이 말씀을 살아내어 신부로서 재림하실 예수님을 어떻게 예비해야 하는지를 알려줍니다.

세례 요한처럼 재림을 예비하는 교회

말라기 선지자가 말한 '크고 두려운 날'은 초림 메시아가 오시는 날을 의미하면서도 재림 메시아가 오시는 날을 의미하기도 합니다. 엘리야의 심령과 능력을 가지고 세례 요한이 초림 메시아의 길을 준비했듯이, 교회도 엘리야의 심령과 능력으로 말씀을 살아내어 재림하실 예수 그리스도의 길을 준비하고 하나님이 찾으시는 영혼을 예수 그리스도께로 인도해야 합니다.

주의 재림 직전의 시기에 그리스도가 여기 있다 혹은 저기 있다고 하는 수많은 미혹들(막 13:5,6,21,22)이 있을 것입니다. 그때 그리스도의 몸 된 교회는 자신이 미혹 당하지 않을 뿐 아니라 많은 영혼들이 미혹되지 않도록 보호하고 훈련해야 합니다.

예수님이 어느 날 제자들과 함께 산에 오르셨을 때 그 옷이 광채가 날 정도로 변화되셨습니다. 그때 엘리야와 모세가 나타나 예수님과 함께 대화를 했습니다. 산에서 내려올 때 예수님은 "인자가 죽은 자 가운데서 살아날 때까지는 본 것을 아무에게도 이르지 말라"고 제자들에게 당부하셨습니다. 그러자 제자들은 예수님께 질문했습니다.

"이에 예수께 묻자와 이르되 어찌하여 서기관들이 엘리야가 먼저 와야 하리라 하나이까"(막 9:11).

이 질문에 예수님은 이렇게 대답하셨습니다.

"엘리야가 과연 먼저 와서 모든 것을 회복하거니와 어찌 인자에 대하여 기록하기를 많은 고난을 받고 멸시를 당하리라 하였느냐 그러나 내가 너희에게 이르노니 엘리야가 왔으되 기록된 바와 같이 사람들이 함부로 대우하였느니라"(막 9:12,13).

하반절에 "엘리야가 왔으되 기록된 바와 같이 사람들이 함부로 대우하였느니라"라는 표현은 세례 요한이 엘리야의 모습으로 왔으나, 결국 그를 헤롯이 목 베어 죽였다는 의미로서 과거의 사건을 말하고 있습니다.

그런데 상반절의 "엘리야가 과연 먼저 와서 모든 것을 회복하거니와"(Elijah does come first, and restores all things)라는 표현은 원어에 의하면 3인칭 단수, 직설법, 능동태, 현재 시제입니다. 엘리야가 이미 왔다는 과거적 표현은 세례 요한을 말하는 것으로서 쉽게 이해가 됩니다. 그런데 '엘리야가 회복한다'는 현재 시제의 표현은 선뜻 이해가 가지 않습니다. 하지만 시간을 초월하는 온전한 복음의 관점에서 보면 이 현재 시제가 쉽게 이해가 됩니다. 예수님은 3차원의 시간으로는 도저히 계산되지 않는 신비한 영원 차원의 시제로 많은 말씀을 하셨습니다. 그것은 시간이 창조되기 전에 그리스도 안에서 우리를 택하신 영원의 관점에서 볼 때만 쉽게 이해됩니다.

우리는 창세전에 예비된 십자가에 나타난 온전한 복음인, 하나님 나라의 '영원한 현재'라는 개념을 이해해야 합니다(고전 2:6-8). '영원한 현재'라는 것은 창조 이전에 이미 예정하신 십자가를 제대로 믿기만 하면 창세전에 이루신 복음을 언제든지 현재 시간에 누릴 수 있다는 것입니다. 성경은 우리가 시간과 공간, 물질을 초월하여 현재 하늘에 앉혀져 있다고 말하고 있습니다.

"그리스도 예수 안에서 함께 하늘에 앉히시니"(엡 2:6).

회개하고 예수 그리스도를 주로 모신 사람은 예수님과 함께 옛 생명이 죽었고 새 생명으로 살았을 뿐 아니라 그 새 생명이 하늘에 앉혀졌습니다(갈 2:20, 엡 2:5,6). 이것이 복음의 핵심입니다. 그래서 주님은 부활 직후 제자들에게 나타나셔서 "평강이 있을지어다"라고 두 번 강조하신 뒤에 "아버지께서 나를 보내신 것같이 나도 너희를 보내노라"(Just as My Father sent me, so I am sending you)라고 말씀하셨습니다(요 20:21).

하나님이 예수님을 보내신 것은 과거 사건이라서 주께서 과거 시제로 표현했는데, 주님이 제자들을 보내신다는 표현은 현재 진행형입니다. 이것은 주와 함께 죽고 부활하여 하늘에 앉혀진 것을 순수하게 믿는 자는 언제든지 예수님과 함께 하늘에 앉아 하늘로부터 파송받은 삶을 살아갈 수 있음을 의미합니다.

악과 고난이 가득 찬 세상 속에서 우리는 너무나 쉽게, 자주 두려워하고 염려하며 아파하고 넘어지며 좌절합니다. 그러나 그 부정적인 모습의 본질인 자아가 예수님과 함께 죽었다는 것을 믿어야 합니다. 그리고 새 생명으로 살리심을 받아서 그 새 생명이 하늘에 앉혀졌다는 온전한 복음을 믿어야 합니다. 그러면 부정적인 모습이 나타났을 때 즉시 죽음, 부활, 보좌 연합의 진리를 받아들여서 속히 다시 하늘에서 땅으로 파송받은 상태임을 누릴 수 있습니다. 그래서 주께서 하늘 보좌에서 파송받으신 것과 똑같이 우리를 현재진행형으로 매 순간 하늘에서 땅으로 파송하십니다. 그것을 진리로 누리게 하시는 분이 바로 우리 안에 계신 성령님입니다.

우리가 보좌에 예수님과 함께 앉혀져 있다는 것을 깨닫게 하시는 분이 성령님입니다(요 14:20). 언제 어디서, 무슨 상황 속에서든지 내 안의 성령님을 믿는다면 즉시 믿음으로 하늘에 앉아 있는 우리 자신을 볼 수 있습니다. 하늘 보좌에서 넘치는 생수의 강을 언제든지 마시며 그 생명의 능력으로 말씀을 살아내어 하나님나라를 선포하게 됩니다. 그래서 예수님이 '엘리야가 먼저 와서 모든 것을 회복한다'라고 현재형으로 말씀하신 것입니다. 예수님의 표현이 현재형인 것은 교회가 창세전에 예비한 죽음, 부활, 승천 보좌 및 성령 연합을 믿고 엘리야의 심령과 능력을 계속해서 '지금' 누려야 할 것을 촉구하는 것입니다.

주님을 알아보는 연습

마태복음 24장은 종말에 대한 예수님의 선포이며, 25장은 대중들에게 하신 마지막 설교로서 종말을 대비하며 말씀을 살아내는 삶의 태도에 관한 말씀입니다. 이 마지막 대중 설교에는 세 가지 예화가 등장하는데 그 예화의 공통점은 '작은 것'입니다.

첫 번째 비유는 열 처녀의 비유인데 슬기로운 다섯 처녀는 등불 이외에 기름 한 그릇(작은 것)을 준비하여 신랑을 맞이하여 잔치에 들어갔고, 슬기롭지 못한 다섯 처녀는 작은 것을 준비하지 못하여 잔치에 들어가지 못했습니다.

두 번째 비유는 달란트의 비유인데 "적은 일에 충성하였으니…주인의 즐거움에 참예할지어다"라고 다섯 달란트와 두 달란트 받은 자들에게 똑같이 칭찬해줍니다. 달란트는 지금의 돈으로 환산을 하면 굉장히 큰 가치입니다. 그러나 주님은 적은 일에 충성한 것이라고 하시며 이 세상의 가치로 계산하지 않았습니다. 이 땅의 것들은 영원한 것이 아니고 사라질 것들이기 때문입니다.

세 번째 비유는 주님이 영광의 보좌에 앉으셔서 모든 민족을 모아 천국에 보낼 양과 영원한 심판의 불에 보낼 염소를 구분하시는 비유입니다. 주님은 "지극히 작은 자 하나에게 한 것이 곧 내게 한 것이니라"(마 25:40)라고 하시며 양과 염소를 구분하십니다.

열 처녀 비유에서 표현된 신랑의 잔치, 달란트 비유에서 표현된 주인의 즐거움 그리고 양과 염소의 비유에서 아버지의 나라와 영원한 불이라는 표현은 마지막 심판의 때에 대한 표현입니다. 대중들에게 마지막으로 설교한 세 가지 예화 중 마지막 예화의 주제가 '지극히 작은 자에게 한 것이 주님께 한 것'입니다. 매일 매 순간 작은 자 속에 나타나시는 주님을 놓치지 않는 것이 주님의 재림을 준비하며 말씀을 살아내는 중요한 자세임을 놓치지 말아야 합니다.

교회가 회복해야 할 엘리야의 심령과 능력은 회개를 외치며 기적을 베푸는 원동력일 뿐 아니라 지극히 작은 자를 알아보고 섬기는 데 필요합니다. 큰 사역, 근사한 사역, 눈에 띄는 사역만 좋아하다가는 매일 내 옆을 스쳐 지나가는 주님을 놓칠지도 모릅니다. 재림하실 그리스도를 확실히 알아보고 맞이할 수 있는 비결은 너무도 가까운 곳에 숨어 있습니다. 매일 매 순간 지극히 작은 자를 주님을 섬기듯이 하는 것입니다. 매일의 삶 속에서 내게 붙여주시는 지극히 작은 자를 잘 알아보고 섬기는 자는 곧 오실 재림 메시아를 놓치는 일이 없을 것입니다.

작은 자는 누구일까

예수님은 마태복음 25장에서 지극히 작은 자가 먹을 것이 없고 마실 것이 없으며, 입을 것이 없고 쉴 곳이 없으며, 병들고 감옥에 갇힌 자라고 말씀하셨습니다. 이러한 자들은 돈도, 건강도 없고 자유도 마음껏 누리지 못하는 약한 자들입니다.

어느 정도 영적인 훈련을 통과한 사람들은 주변 이웃들 중에 약해 보이는 자들을 잘 섬깁니다. 예를 들어 누가 암에 걸렸거나 큰 실패로 인해 낙심하여 좌절 가운데 있다는 소식을 들으면 달려가서 그를 위해 기도해주고 위로해줍니다. 가난하고 병든 사람들이 많은 나라로 단기선교를 가서 구제를 통한 선교사역을 감당합니다. 이러한 구제 사역은 중요한 선교의 통로이며 작은 자를 섬기는 귀한 사역입니다.

그런데 우리는 자신에게 상처를 입히거나 악한 행동을 하는 사람들에게는 마음을 닫고 다가가지 않는 경향이 있습니다. 교회 안에서도 함부로 말하고 행동하는 사람들과는 적당한 선을 긋고 그 이상의 교제는 꺼려합니다. 그들을 악한 사람이라고 판단해버렸기 때문입니다.

그러나 악한 자들도 역시 약한 자들임을 잊지 말아야 합니다. 악함은 약함의 또 다른 표현에 불과합니다. 자신이 너무나 연약하기에 겉으로 강한 척 하며 거칠게 행동하는 것입니다. 주님처럼 섬겨야 할 지극히 작고 연약한 자 중에 감옥에 갇힌 자도 있다는 말씀의 의미를 깊이 생각해보아야 합니다. 만약 친한 이웃 중에 누가 억울한 누명을 쓰거나 고의가 아닌 과실로 인해 법을 어겨 감옥에 갇힌 자가 있다면 그의 가족이나 그를 직접 찾아가 위로의 말을 전하는 것은 그리 어려운 일은 아닐 것입니다.

그런데 감옥에 갇힌 자들 중에는 진짜 고의로 악한 일을 행한 사람들이 더 많습니다. '저 사람은 감옥에 들어가야 마땅한 사람이야!', '저 사람은 왜 저렇게 주변 사람들을 힘들게 하지?'라는 평가를 받는 사람들도 우리의 섬김의 대상이라고 주님은 말씀하십니다.

섬길 만한 사람을 섬기는 것은 누구나 할 수 있습니다. 우리는 물질이 부족하거나 건강이 약해서 자유를 누리지 못하는 자들을 주님처럼 섬겨야 합니다. 더 나아가서 사랑 결핍과 큰 상처를 안고 있는 사람이 자신의 약함을 감추고 악한 모습으로 힘들게 할 때도 주님처럼 섬긴다면 다시 오실 예수님을 맞이할 준비가 된 것입니다.

또한 다시 오실 예수님을 맞이하기 위해서 우리가 놓치지 말아야 할 지극히 작은 자는 가족입니다. 가족들을 대하는 것과 다른 사람을 대하는 행동에는 큰 차이가 있습니다. 밖에서는 예의를 갖추어 말하고 행동하지만 가족들에게는 속에 있는 생각과 느낌을 여과 없이 그대로 발산하게 됩니다. 즉, 다른 사람들 앞에서 포장했던 나의 자아가 가족들 앞에서는 그대로 드러나게 됩니다. 내가 아직도 내 자아를 얼마나 강하게 주장하고 사는지를 알 수 있는 관계가 가족 관계입니다. 남편과 아내, 자녀, 부모 형제자매를 주님 섬기듯 말씀을 살아낼 때 최고로 거룩한 신부의 영성으로 준비되는 것입니다.

바울은 에베소서 5, 6장에서 가족들에 대한 태도를 말합니다. 아내들은 남편 섬기기를 교회가 주님을 섬기듯이 하고, 남편들은 그리스도께서 교회를 사랑하심과 같이 아내를 사랑하라고 합니다. 또한 자녀들은 부모에게 순종하며, 아비들은 자녀를 노엽게 하지 말고 주의 교양과 훈계로 양육하라고 했습니다. 이것은 가족과의 관계 속에서 서로 주께 하듯 하고 또한 주님이 우리를 용서하시고 사랑하심과 같이 용서하고 사랑하라는 것입니다(엡 4:32).

능력과 겸손의 영성

예수님이 엘리야의 심령과 능력을 주신 또 다른 이유는 '겸손하라'는 말씀을 살아내어 재림을 준비하도록 하기 위함입니다. 능력의 영성 속에 겸손의 영성을 유지할 수 있는 비밀이 들어 있습니다. 마가복음 9장에서 예수님이 "엘리야가 와서 모든 것을 회복한다"고 말씀하신 뒤에 바로 이어지는 사건 속에 그 해답이 있습니다. 제자들이 엘리야에 대해 묻고 예수님이 답변해주신 후, 무리 중에 한 사람이 벙어리 귀신 들린 아들을 데려와서 말했습니다.

"예수님, 귀신 들린 아들을 제자들에게 데려갔으나 그들이 고치지 못했습니다."

그러자 예수님은 제자들을 꾸짖으셨습니다.

"믿음이 없는 세대여 내가 얼마나 너희와 함께 있으며 얼마나 너희에게 참으리요"(막 9:19).

예수님은 분명히 제자들에게 귀신을 제어하는 권세를 주셨고 제자들은 담대히 회개의 메시지를 전파하며 많은 귀신을 내쫓고 병든 자들을 고쳤습니다(막 3:15, 막 6:7,13). 예수님을 믿는 자들은 예수님이 하시는 일을 그대로 똑같이 하는 것이 당연합니다. 그런데 그와는 달리 마가복음 9장에서는 무리 중 한 사람이 벙어리 귀신 들린 어린 아들을 제자들에게 데려와서 쫓아달라고 했을 때 제자들은 능력을 나타내지 못했습니다. 그러자 제자들을 향하여 예수님은 믿음이 없음을 책망하셨습니다.

왜 두 상반된 모습이 제자들에게 나타난 것일까요? 바로 믿음의 문제입니다. 마가복음 6장에서는 제자들이 겨자씨만한 믿음을 가지고 귀신을 쫓아내고 병든 자를 고쳤던 것이고, 마가복음 9장에서는 그 겨자씨만한 믿음조차도 없어서 귀신 들린 아이를 고치지 못했던 것입니다. 예수님은 제자들에게 믿음을 강조하셨습니다.

"예수께서 그들에게 대답하여 이르시되 하나님을 믿으라 내가 진실로 너희에게 이르노니 누구든지 이 산더러 들리어 바다에 던져지라 하며 그 말하는 것이 이루어질 줄 믿고 마음에 의심하지 아니하면 그대로 되리라 그러므로 내가 너희에게 말하노니 무엇이든지 기도하고 구하는 것은 받은 줄로 믿으라 그리하면 너희에게 그대로 되리라"(막 11:22-24).

야고보서 5장에서는 의인의 기도가 역사하는 힘이 있기에 병 낫기를 위해 서로 기도하라고 했습니다. 이어서 엘리야의 기도로 3년 6개월 동안 비가 오지 않다가 그의 기도로 다시 비가 왔다고 하면서 엘리야는 우리와 성정이 같은 사람이라고 말합니다. 그러면서 의인이 하는 믿음의 기도가 역사하는 바가 크다는 것을 강조했습니다.

우리는 세상을 향하여 때를 얻든지 못 얻든지 하나님의 말씀을 선포하여 하나님나라를 외쳐야 합니다. 언제든지 귀신을 제어하고 병든 자들에게 치유가 임하도록 도와주며 하나님나라를 증거해야 합니다. 예수님은 '믿는 자들에게는 그런 표적이 나타날 것'이라고 분명히 말씀하셨습니다(막 16:17,18).

물론 믿음이 작아서 기적이 잘 나타나지 않을 때가 많습니다. 하지만 절대로 위축되지 마십시오.

'아, 나는 믿음이 없으니 병 낫기를 위해 기도하고 귀신을 쫓는 사역을 하지 말아야겠구나. 믿음이 더 커지면 해야겠다.'

이렇게 생각하면 안 됩니다. 믿음으로 치유 기도를 했으나 바로 기적이 나타나지 않을 때도 우리는 기뻐하고 감사해야 합니다. 나의 작은 믿음이 드러나서 겸손할 수 있기 때문입니다. 우리의 믿음 없음이 드러날 때 기적이 나타나도록 병 낫기를 위해 더 적극적으로 기도해야 합니다. 주께서 주신 권세와 능력을 가지고 믿음으로 치유 기도를 많이 해본 사람에게 어느 순간에 하나님의 능력이 나타나게 됩니다. 믿음의 기도는 결국 악한 영을 쫓아낼 수 있습니다.

"집에 들어가시매 제자들이 조용히 묻자오되 우리는 어찌하여 능히 그 귀신을 쫓아내지 못하였나이까 이르시되 기도 외에 다른 것으로는 이런 종류가 나갈 수 없느니라 하시니라"(막 9:28,29).

우리의 기도를 통해서 기적이 일어날 때는 기뻐하며 감사하되 우리가 한 것이 아님을 알고 오직 진실로 속히 다시 오리라 하신 예수 그리스도의 이름만을 드러내야 합니다. 그리고 심판을 피하도록 사람들에게 회개를 촉구해야 합니다. 기적이 일어나지 않을 때에도 '네 믿음이 작구나!'라는 주님의 음성을 들을 수 있기에 겸손한 영성을 회복하여 기뻐하고 감사할 수 있습니다.

시므온의 영성

성경에 아주 짧게 묘사된 시므온의 인생은 말씀을 살아내는 믿음에 대한 강력한 예입니다. 시므온은 자신이 죽기 전에 그리스도를 볼 것이라는 성령의 지시를 받았습니다. 그리고 하나님의 때가 차서 성령의 감동으로 예루살렘 성전으로 들어갔습니다. 그때 요셉과 마리아가 율법의 관례대로 행하려고 아기 예수를 데려왔습니다. 시므온은 그 아기가 그리스도였음을 알아보았습니다. 그리고 하나님을 찬송하였습니다.

"주재여 이제는 말씀하신 대로 종을 평안히 놓아주시는도다 내 눈이 주의 구원을 보았사오니 이는 만민 앞에 예비하신 것이요 이방을 비추는 빛이요 주의 백성 이스라엘의 영광이니이다 하니"(눅 2:29-32).

시므온이 인간이 되신 하나님, 예수 그리스도를 만나는 축복을 누렸던 것은 평소 성령충만하여 늘 말씀이 이루어지기를 원했던 삶의 결과입니다. 그는 늘 성령충만하여 의로운 자세로 말씀을 살아내면서 메시아가 와서 이스라엘을 위로해주기를 기다렸습니다(눅 2:25). 시므온은 그리스도를 보고 나서 주님이 이제 자신을 평안히 죽게 놓아준다고 했습니다. 그는 그리스도를 만나는 사명을 이루기 전에는 평안히 눈을 감을 수 없었습니다. 그의 삶의 가장 큰 목적은 그리스도를 만나는 것이었습니다.

우리도 시므온처럼 늘 성령충만으로 말씀을 살아내어 오직 그리스도를 뵙는 것을 가장 큰 소망으로 여겨야 합니다. 시므온처럼 날마다 새롭게 부어주시는 기름부으심으로 성령의 세밀한 음성을 듣는 중에 '주님이 오셨다'라는 음성을 확실히 듣기를 소망합니다. 성령충만한 시므온이 인간이 되신 하나님, 메시아를 알아보았듯이 모태로부터 성령충만했던 세례 요한도 메시아를 알아보고 "보라 세상 죄를 지고 가는 하나님의 어린양이로다"(요 1:29)라고 했습니다. 우리는 이러한 성령충만을 날마다 유지해야 합니다.

우리는 그리스도와 함께 죽었고 부활하여 하늘에 앉혀졌습니다. 그것을 깨닫게 하시고 믿게 하시는 내 영 안에 계신 성령님을 바라보고 예배해야 합니다. 다윗과 같이 늘 기도의 자리에서 주의 얼굴을 만나며 주의 보좌를 체험하십시오. 성경암송기도를 통해 옛 부대를 벗어버리고 새 부대로 나아가십시오. 옛 생각을 부인하며 날마다 그리스도의 말씀이 새 부대에 풍성하게 거하게 하며 지식에까지 새롭게 하심을 입으십시오(골 3:10).

"새 포도주를 낡은 가죽 부대에 넣는 자가 없나니 만일 그렇게 하면 새 포도주가 부대를 터뜨려 포도주가 쏟아지고 부대도 못쓰게 되리라 새 포도주는 새 부대에 넣어야 할 것이니라 묵은 포도주를 마시고 새 것을 원하는 자가 없나니 이는 묵은 것이 좋다 함이니라"(눅 5:37-39).

요한복음 2장의 가나 혼인 잔치에서 연회장을 깜짝 놀라게 했던 포도주는 인간의 작품이 아니었습니다. 그 포도주는 이 세상에 존재했던 포도주 중 최고의 극상품이었습니다. 왜냐하면 하나님이 직접 만드신 포도주였기 때문입니다. 곧 오실 그리스도 예수를 정확하게 만나기 위해서는 인간이 만든 전통이나 세상의 초등학문에서 나오는 철학에 속지 말아야 합니다. 그러기 위해서는 하나님이 매일 새롭게 만들어주시는 새 포도주를 마셔야 합니다. 매일 새로운 성령충만이 그리스도를 온전히 만나는 가장 확실한 길입니다.

심판의 때를 준비하는 영성

"무화과나무의 비유를 배우라 그 가지가 연하여지고 잎사귀를 내면 여름이 가까운 줄 아나니 이와 같이 너희가 이런 일이 일어나는 것을 보거든 인자가 가까이 곧 문 앞에 이른 줄 알라"(막 13:28,29).

무화과나무가 이스라엘을 상징한다고 하여 이스라엘을 예의주시할 때 심판의 때가 가까이 오는 것을 알 수 있다는 주장이 있습니다. 이 주장에 대해 찬반양론이 있습니다. 그런데 이 말씀 속에서 무화과나무가 무엇을 상징하는가보다 더 중요한 것이 있습니다. 주님은 분명히 하나님의 자녀에게 인자가 가까이 오고 있다는 것을 알게 하실 만한 현상이 세상에 있을 것이라고 합니다.

주님의 심판 때를 알 수 있는 아주 명확한 사인 중 하나가 동성애가 창궐하는 모습입니다. 우리가 아무리 세상을 향해 "동성애는 안 됩니다. 하나님이 가증한 죄라고 말씀하셨습니다"라고 외쳐도 세상은 동성애가 자연스런 현상 가운데 하나라고 주장합니다. 미국 내에서는 동성결혼을 합법화하는 법을 통과시키는 주(state)가 계속 늘고 있으며 전 세계적으로도 나라 수가 점점 더 늘고 있습니다.

우리는 하나님이 가증스럽게 여기는 동성애라는 죄와 그 배후의 사탄과 피 흘리는 영적 전투를 계속하여 사탄에게 속고 있는 불쌍한 영혼을 건져내어 하나님의 긍휼과 사랑을 만나도록 해야 합니다. 그러나 사람들은 자기 육체와 마음의 원하는 것을 행하여 공중의 권세 잡은 자를 따라 이 세상 풍속을 좇아갈 것이 분명합니다. 아무리 외쳐도 그들은 동성애를 결코 포기하지 않을 것이며 더 확산시킬 것입니다. 우리는 이런 현상을 보면서 주님의 심판 때가 더 가까이 다가오고 있다는 것을 피부로 느껴야 합니다. 그것이 더 중요합니다. 왜냐하면 주님은 동성애와 같은 심각한 성적 타락이 창궐했던 소돔과 고모라 성이 불과 유황으로 인해 멸망했다고 역사를 통해 우리에게 말씀하고 계시기 때문입니다.

이 시대에도 에녹과 같이 심판 신앙, 종말 신앙으로 무장해야 합니다. 에녹은 65세에 아들 므두셀라를 낳은 후 300년을 하나님과 동행했고 죽음을 맛보지 않고 하늘로 들려 올라갔습니다. 에녹이 300년을 동행한 이유는 그 아들 므두셀라의 이름의 뜻을 통한 하나님의 계시 때문이라고 학자들은 말합니다. 므두셀라의 뜻은 마을을 지키는 '창 던지는 자'라는 뜻입니다. 하나님은 므두셀라가 죽으면 마을에 심판이 온다는 속뜻을 에녹에게 주셨습니다. 에녹은 아들 므두셀라를 선물로 받음과 동시에 심판 신앙을 선물로 받았습니다. 에녹은 아들 므두셀라를 바라보며 늘 하나님의 심판을 기억했고 그 심판에 대한 경외심으로 하나님과 동행하며 그 므두셀라 속에 담아 놓으신 하나님의 뜻을 살아낼 수 있었습니다.

심판 신앙을 가지고 하나님과 300년을 동행했던 에녹이 개인적인 구원에만 관심을 가진 것은 아닙니다. 그는 하나님의 심판에 대해 사람들에게 외쳤다고 유다서의 저자는 말하고 있습니다.

"아담의 칠대 손 에녹이 이 사람들에 대하여도 예언하여 이르되 보라 주께서 그 수만의 거룩한 자와 함께 임하셨나니 이는 뭇사람을 심판하사 모든 경건하지 않은 자가 경건하지 않게 행한 모든 경건하지 않은 일과 또 경건하지 않은 죄인들이 주를 거슬러 한 모든 완악한 말로 말미암아 그들을 정죄하려 하심이라 하였느니라"(유 1:14,15).

노아도 마찬가지였습니다. 심판하시겠다는 여호와 하나님의 눈에서 하나님의 은혜를 발견한(창 6:8) 그는 방주를 만들며 자신과 가족들의 구원에만 관심을 가진 것이 아닙니다. 그는 하나님의 의를 계속 전파했습니다.

"옛 세상을 용서하지 아니하시고 오직 의를 전파하는 노아와 그 일곱 식구를 보존하시고 경건하지 아니한 자들의 세상에 홍수를 내리셨으며"(벧후 2:5).

우리는 겨우 자신만 구원받는 데 그쳐서는 안 됩니다. 우리는 엘리야의 심령을 가지고 기도하며 세상을 향해 외쳐야 합니다.

"어느 때까지 바알과 여호와 하나님 사이에서 머뭇거릴 것입니까? 회개하십시오. 여호와 하나님께 돌아오십시오."

그들이 마음이 완악하여 돌이키지 않을 때 우리는 엘리야의 능력을 가지고 기도해야 합니다.

'여호와여 응답하소서. 하늘에서 불을 내리심으로 제단의 제물을 태우시사 여호와는 참 하나님이심을 저들로 알게 하소서!'

그 기도에 대한 응답으로 하나님의 초자연적인 능력을 세상에 보임으로써 여호와께서 참 하나님이심을 알고 돌이키게 해야 합니다.

우리는 엘리야의 심령과 능력을 가지고 세상을 향해 회개를 외칠 뿐 아니라, 세례 요한처럼 오직 메시아의 길을 예비하는 삶을 살아야 합니다. 메시아를 정확히 알아볼 수 있었던 시므온이나 세례 요한의 성령충만한 영성을 소유해야 합니다. 주의 날은 도적같이 임합니다. 언제나 주의 날이 임할 수 있음을 상기하십시오.

"주의 약속은 어떤 이들이 더디다고 생각하는 것같이 더딘 것이 아니라 오직 주께서는 너희를 대하여 오래 참으사 아무도 멸망하지 아니하고 다 회개하기에 이르기를 원하시느니라 그러나 주의 날이 도둑같이 오리니 그날에는 하늘이 큰 소리로 떠나가고 물질이 뜨거운 불에 풀어지고 땅과 그중에 있는 모든 일이 드러나리로다"(벧후 3:9,10).

겸손한 마음으로 개인의 종말을 생각하십시오. 우리는 5분 뒤의 일을 알 수가 없습니다. 우리는 언제 어느 때든 갑자기 죽음을 맞이할 수 있습니다. 오늘이 바로 내 삶의 마지막이 될 수도 있습니다. 2001년 9월 11일에 비행기 두 대가 뉴욕 맨해튼의 세계무역센터 빌딩을 무너뜨렸습니다. 우리가 자동차로 고속도로를 달릴 때 가끔 나방 같은 것이 차의 앞 유리창에 부딪혀 짓이겨져 죽는 것을 봅니다. 자동차의 속도로도 나방이 그렇게 죽는데, 비행기가 그 속도로 건물로 돌진한 것은 그 비행기가 도달한 건물에 있던 사람들은 비행기에 짓이겨져 죽었다는 것입니다. 그들은 자신이 몇 초 뒤에 그런 끔찍한 운명을 맞이할 줄은 전혀 몰랐을 것입니다. 이것이 인생의 무력함입니다.

주님의 날이 도적같이 임할 수 있다는 신앙은 내 개인 종말이 도적같이 임할 수 있다는 마음과 일치합니다. 늘 겸손히 주와 함께 죽고 부활하여 하나님 보좌 앞에 앉혀졌음을 믿고 그것을 믿게 하시는 내 안의 성령님을 의지하여 하늘 보좌에서 늘 기쁨을 누리면서 세상으로 파송받아 말씀을 살아내며 주의 복음을 선포하십시오. 목 베임을 당해도 세상과 타협하지 않고 "보라, 세상 죄를 지고 가는 어린양이로다"라고 복음을 외쳤던 세례 요한의 영성을 닮아 하루하루를 주님께 드리십시오. 그러면 우리는 신랑 되신 주님과 온전히 연합된 삶을 살 수 있습니다.

한 새 사 람 으 로 서 의 교 회

이사야 선지자는 이스라엘에게서 하나님의 영광이 떠나가는 환상을 보았습니다. 하나님이 이사야에게 말씀하십니다.

"가서 이 백성에게 이르기를 너희가 듣기는 들어도 깨닫지 못할 것이요 보기는 보아도 알지 못하리라 하여 이 백성의 마음을 둔하게 하며 그들의 귀가 막히고 그들의 눈이 감기게 하라 염려하건대 그들이 눈으로 보고 귀로 듣고 마음으로 깨닫고 다시 돌아와 고침을 받을까 하노라 하시기로"(사 6:9,10).

이 말씀의 히브리어 원문의 문법은 '금지명령법'입니다. 하나님은 하나님의 때에 선택한 백성들에게서 영광을 거두셔서 이방인들에게 나타내겠다는 계획을 세우셨습니다. 이스라엘 백성은 그 의미를 깨닫지 말아야 했습니다. 그래야 하나님의 뜻이 이루어지는 것입니다.

그들은 메시아를 애타게 기다렸지만 결국 메시아인 예수님을 알아보지 못하고 그분을 십자가에 못 박았습니다. 그들로 하여금 깨닫지 못하게 하여 이루신 놀라운 구원의 섭리입니다. 하나님은 그렇게 사용된 유대인을 결코 버리지 않으십니다. 유대인과 이방인은 그리스도 안에서 한 새사람으로 지어졌습니다(엡 2:15). 유대인과 이방인이 엘리야의 심령과 능력으로 세례 요한처럼 주의 길을 예비하는 사명을 감당해야 할 것입니다.

이스라엘을 버리지 않으시는 하나님

'역사는 정치의 시녀'라는 말이 있습니다. 인류 역사 가운데 수많은 인본주의 제국의 황제들은 자신의 권력을 정당화하기 위해 역사를 왜곡하여 기록했습니다. 그들은 진리의 하나님을 섬기기를 포기한 자들이었습니다. 그래서 역사의 기록 속에는 왜곡된 사실들이 많습니다. 그러나 수없이 왜곡된 역사 기록들 가운데서 하나님은 하나님을 왕으로 섬기는 사람들을 통해 하나의 진실한 책을 보존케 하시고 온전히 전해지게 하셨습니다. 그것이 바로 '성경'입니다.

마귀는 아담과 하와에게 접근한 이래 계속해서 하나님의 진리를 왜곡시켜 사람들을 속여왔습니다. 마귀는 성경 자체를 부정하는 거짓이 난무하는 상황을 오늘날까지 많이 연출했습니다. 그럼에도 불구하고 놀랍게도 성경 속의 사건들은 과학이 발달할수록 점점 더 사실로 드러나고 있습니다. 그리고 하나님의 언약의 말씀이 하나씩 차례대로 성취되고 있습니다. 그것은 하나님이 정하신 때가 다가오고 있다는 가장 놀라운 증거일 것입니다.

하나님이 정하신 심판의 때가 다가오고 있다는 것을 알 수 있는 가장 확실한 증거는 이스라엘이라는 민족과 나라의 과거와 현재의 모습입니다. 하나님은 이스라엘을 선택하셔서 오늘날까지도 온 우주만물의 창조, 인간의 타락, 하나님의 구원에 대해 세상 모든 족속에게 말씀하고 계십니다.

믿지 않는 사람들이 성경을 읽을 때 많은 의문을 품습니다. 그중에 하나가 이것입니다.

"우리가 왜 이스라엘이라는 외국의 역사를 배워야 하고 그들의 종교를 가져야 하는가?"

그 질문에 대한 답은 인간이 되신 하나님, 예수 그리스도이십니다. 하나님의 비밀은 그리스도이십니다(골 2:2). 하나님은 인간을 구원하기 위해 인간이 되셔야만 했습니다. 그러기 위해서는 어느 한 민족을 선택하셔야 했는데 그 민족이 바로 유대 민족입니다.

성경은 이스라엘만의 역사와 종교에 대한 이야기가 아닙니다. 창세기 1장부터 11장까지는 모든 인류의 공통 역사입니다. 창세기 10장과 11장을 보면 제2의 조상 노아의 가족들을 통해 모든 민족이 어떻게 번성하게 되는지 알 수 있습니다. 창세기 12장부터는 번성하는 모든 민족들 가운데서 이스라엘을 선택하게 된 과정을 말하고 있습니다. 하나님은 선택하신 이스라엘의 역사와 문화(언어와 율법)를 통하여 이스라엘과 관계를 맺는 방식을 보여주심으로써 모든 민족을 이스라엘과 같이 사랑하시고 심판하시며 구원하시겠다고 말씀하십니다. 그러므로 성경은 모든 민족을 향한 하나님의 사랑의 편지입니다.

하나님은 모든 인류의 조상인 아담이 범죄한 후 메시아를 통한 구원의 복음을 아담에게 말씀하셨습니다. 그 구원의 복음은 아담의 후손들, 즉 택하신 족장들과 제사장들 및 지도자들을 통해 계속 전달되었습니다. 흥망성쇠를 되풀이하는 이스라엘의 역사 속에 하나님의 구원의 복음이 계시되어 있는데, 그것을 기록한 책이 성경입니다.

그런 관점에서 이스라엘의 오늘날의 모습은 하나님의 심판의 때를 알게 해주는 놀라운 하나님의 음성입니다. BC 722년에 북이스라엘이 앗수르에 의해 멸망하고 BC 586년에 남유다가 바벨론에게 멸망당했습니다. 그 후 메대, 바사, 헬라에 의해 차례대로 식민통치를 받았고 이어진 로마 왕조에 의해 예루살렘이 돌 위에 돌 하나도 남지 않고 다 무너진 뒤 전 세계로 흩어져 떠돌아다녔습니다. 그것은 예수님의 예언의 성취였습니다(막 13:1,2). 그러다가 이스라엘이 2천 년 만에 독립국가를 이루었습니다. 수천 년 전부터 오늘날까지 진행된 이스라엘의 역사는 하나님이 성경에서 언약하신 것에 대한 정확한 성취입니다.

이러한 여러 가지 관점에서 이스라엘 민족은 대충 넘겨버릴 민족이 아닙니다. 하나님은 이스라엘 민족의 역사를 통해 하나님나라가 완성되는 과정을 알게 하십니다. 그러므로 세상의 모든 역사책들이 왜곡되고 조작될 때 유대 민족을 통해 목숨을 걸고 진실된 이스라엘의 역사를 성경 속에 기록하여 보존하도록 하신 것은 이스라엘의 역사 속에 인류에 대한 하나님의 마스터플랜을 보여주시겠다는 놀라운 섭리입니다.

우주만물의 회복과 인류의 구원을 위해 사용된 이스라엘, 하나님의 마스터플랜인 성경을 거짓없이 그대로 보존하여 이방 민족에게까지 전달해서 예수를 구주로 만나게 한 이스라엘을 하나님이 버리실 수 있겠습니까? 그럴 수 없습니다.

"그러므로 내가 말하노니 하나님이 자기 백성을 버리셨느냐 그럴 수 없느니라"(롬 11:1).

이스라엘은 돌에 새긴 법 즉, 문자적 토라(모세오경)를 목숨처럼 여겼습니다. 사실 그것 때문에 그들은 하나님이 보내신 메시아를 죽였습니다. 문자적인 법에 얽매여 그 법을 주신 하나님이 보내신 그리스도를 알아보지 못했습니다. 하나님을 버리고 우상을 섬긴 죄의 심판으로 바벨론에게 멸망당하며 포로로 끌려가던 이스라엘 백성들은 이제부터는 오직 하나님 외에 다른 것을 섬기지 않으리라 다짐했습니다.

하지만 여호와 하나님께 대한 그 열정으로 결국은 하나님이 보내신 메시아를 알아보지 못하고 오히려 십자가에 못 박았던 것입니다. 이것은 하나님의 놀라운 경륜입니다. 그리스도께서 자기 육체의 죽음으로 율법을 폐하심으로 말미암아 구원이 유대인뿐 아니라 이방인에게로도 흘러가게 하셨기 때문입니다. 하나님은 그렇게 쓰임 받은 이스라엘을 결코 버릴 수 없습니다.

유대인과 이방인

로마서는 2천 년의 기독교 역사 가운데 귀하게 쓰임 받은 책입니다. 아마도 2천 년 동안 수백억 명의 사람들을 그리스도께로 인도한 책일 것입니다. 하나님은 바울의 로마서를 사용하셔서 개인을 향한 구원뿐 아니라 인류를 향한 하나님의 구원을 어떻게 진행하시는지 보여주십니다.

로마서는 크게 두 부분으로 나눌 수 있습니다. 먼저 1장부터 11장까지는 예수 그리스도의 십자가의 죽음과 부활 복음에 나타난 하나님의 의를 오직 믿음으로 얻는 것에 대해 다룹니다. 그리고 12-16장은 그리스도인의 삶의 윤리에 대해 다룹니다.

첫 부분은 또다시 세 부분으로 나누어볼 수 있습니다. 서론인 1-4장은 하나님의 의가 나타남을 다루고, 5-8장은 인간이 어떻게 죄와 율법을 극복하고 성령 안에서 살아갈 수 있는지에 대해 다룹니다. 9-11장은 이스라엘과 하나님의 구원의 완성을 보여주는데, 개인 구원과 민족의 구원이 연결되는 부분으로서 중요한 부분입니다.

구원은 개인에게만 머물 수 없습니다. 개인 구원에만 머무르는 모습 중 하나는 로마서를 대할 때 5-8장만을 중요시하는 모습입니다. 그중에서도 로마서 8장을 사랑하는 사람들이 많습니다. 그만큼 성령을 좇는 삶의 중요성과 우리 주 예수 그리스도 안에 있는 하나님의 사랑에서 결코 어떤 피조물도 끊을 수 없다는, 그리스도인의 삶에 있어서 가장 힘이 되는 내용이기 때문입니다.

그런데 로마서 8장에서 멈춰서면 안 됩니다. 로마서는 로마 교회에 보내는 바울의 편지로서 바울이 편지를 썼을 당시에는 장절의 분류가 없었습니다. 후대에 여러 신학자들이 로마서를 분류하며 장절을 나눠놓은 것입니다. 바울이 쓴 편지로서 처음에 장절의 구분이 없다는 차원에서 8장과 9-11장이 어떻게 이어지는가를 볼 때 개인 구원, 이방인의 구원과 이스라엘의 구원이 어떻게 연결되는지를 알 수 있습니다.

바울은 8장 뒷부분에서 '환란, 곤고, 박해, 기근, 적신(벌거벗음), 위험, 칼, 사망, 생명, 천사들, 권세자들(악한 영들), 현재 일, 장래 일, 능력, 높음, 깊음, 어떤 피조물도 우리 주 예수 그리스도 안에 있는 하나님의 사랑에서 결코 끊을 수 없다'고 말하고 있습니다.

그 후에 바로 이어 '어떤 피조물도 그 사랑에서 끊을 수 없지만, 내가 그리스도에게서 끊어질지라도 내 동족 이스라엘의 구원을 원한다'고 말하고 있습니다(롬 9:1-3). 즉, 바울은 자신이 믿음으로 얻은 그 구원에 대해 강력한 확신을 표현하면서, 자신이 저주를 받아 그리스도에게서 끊어질지라도 동족 이스라엘의 구원을 원한다고 했습니다. 바울은 9장에서 약속의 자녀가 참 이스라엘이라고 말하면서 10장에서는 이렇게 말합니다.

"형제들아 내 마음에 원하는 바와 하나님께 구하는 바는 이스라엘을 위함이니 곧 그들로 구원을 받게 함이라"(롬 10:1).

전도자들이 가장 흔하게 사용하는 "사람이 마음으로 믿어 의에 이르고 입으로 시인하여 구원에 이르느니라"(롬 10:10)라는 구절도 이스라엘의 구원을 바라는 마음으로부터 시작되어 이어진 구절이라는 것은 우리에게 시사하는 바가 큽니다. 이어서 11장의 첫 구절도 "그러므로 내가 말하노니 하나님이 자기 백성을 버리셨느냐 그럴 수 없느니라"라고 시작합니다.

그리스도인의 윤리라는 두 번째 큰 주제로 넘어가기 직전의 분수령에 해당하는 11장은 믿음으로 얻는 하나님의 구원의 은혜라는 주제의 결론으로, 유대인의 구원과 이방인의 구원의 역학관계를 정확하게 표현하고 있습니다. 이것이 로마서의 중요한 구조입니다.

이 11장은 예수님이 선포하신 마태복음 말씀과 짝을 이루는 부분입니다.

"이 천국 복음이 모든 민족에게 증언되기 위하여 온 세상에 전파되리니 그제야 끝이 오리라"(마 24:14).

예수님이 천국 복음이 땅 끝까지 모든 민족에게 전파된 뒤에 끝이 오겠다고 말씀하셨는데 바울은 그 천국복음이 유대인과 이방인이라는 차원에서 어떻게 모든 민족에게 전파되는가를 설명하고 있습니다. '유대인들의 넘어짐이 이방인에게 부요함이 되었다면 하물며 유대인의 충만함은 얼마나 더 큰 부요함으로 이방인에게 흘러가는 동기가 되겠는가?'라고 말합니다(롬 11:12). 이 유대인의 충만함은 무엇일까요? 그 충만에 대해서는 에베소서와 골로새서에서 말해주고 있습니다.

"그 너비와 길이와 높이와 깊이가 어떠함을 깨달아 하나님의 모든 충만하신 것으로 너희에게 충만하게 하시기를 구하노라"(엡 3:19).

"그 안에는 신성의 모든 충만이 육체로 거하시고 너희도 그 안에서 충만하여졌으니…"(골 2:9,10).

유대인들이 그리스도 안에서 하나님의 충만하신 것으로 충만해져서 이방인들과 함께 한 교회의 중요한 지체가 되는 것입니다. 그런데 유대인들을 버리는 것이 세상과 이방인의 화목이 되었기 때문에 그 유대인들을 받아들이는 것은 죽은 자 가운데에서 생명을 주시는 근거가 될 것이라고 말합니다(롬 11:15).

바울은 에베소서를 통하여 유대인과 이방인의 관계를 더 자세히 설명하고 있습니다. 에베소서는 유대인 바울이 에베소 교회의 이방인 성도들을 향해 외치는 내용입니다.

에베소서 1장의 바울이 표현하는 '우리'라는 단어는 유대인을 뜻하며 '너희'라는 단어가 에베소 교회의 이방인 성도들을 말하고 있습니다. 에베소서 1장의 첫 부분 "하나님 우리(유대인) 아버지와 주 예수 그리스도로부터 은혜와 평강이 너희(이방인)에게 있을지어다"라는 인사말에서부터 유대인과 이방인의 강력한 연합전선이 이루어지는 것을 볼 수 있습니다.

바울은 1장 12절까지 '우리(유대인)에게 베푸신 은혜가 그리스도 안에서 창세전에 자기의 아들들의 택하신 하늘에 속한 신령한 복이며 그의 피로 말미암아 구속 곧 죄 사함을 주셨고, 그 뜻의 비밀을 우리(유대인들)에게 알리셨다'고 말합니다. 그리고 13절에서 '그 안에서 너희(이방인들)도 진리의 말씀 곧 너희(이방인들)의 구원의 복음을 듣고 그 안에서 또한 믿어 약속의 성령으로 인치심을 받았다'고 합니다. 그러면서 유대인 바울은 이방 성도들을 위해 기도합니다.

"우리(유대인) 주 예수 그리스도의 하나님, 영광의 아버지께서 지혜와 계시의 영을 너희(이방인)에게 주사 하나님을 알게 하시고 너희(이방인) 마음의 눈을 밝히사 그의 부르심의 소망이 무엇이며 성도 안에서 그 기업의 영광의 풍성함이 무엇이며 그의 힘의 위력으로 역사하심을 따라 믿는 우리(유대인)에게 베푸신 능력의 지극히 크심이 어떠한 것을 너희로 알게 하시기를 구하노라"(엡 1:17-19).

에베소서 2장에서는 그리스도의 죽음으로 인해 유대인과 이방인들 사이에 막힌 담이 허물어져 화평케 되어 유대인과 이방인이 그리스도 안에서 한 새사람으로 지어졌다고 말합니다. 그리고 예수 그리스도로 말미암아 한 성령 안에서 아버지께서 거하시는 처소로 지어져가는 것이라고 말하면서 교회의 중요한 큰 두 지체가 유대인과 이방인이라고 말합니다(엡 2:14-22).

유대인과 이방인이 속한 교회는 하늘 보좌 우편에 앉으신 예수 그리스도와 함께 앉혀진 존재로서 만물을 충만케 하시는 아버지의 충만입니다(엡 1:20-23, 2:4-6, 3:19).

에베소서 3장에서는 '하나님의 은혜의 경륜, 계시로 알게 하신 비밀, 그리스도의 비밀, 사도들과 선지자들에게 알게 하셨으나 다른 세대에서는 사람의 아들들에게 알게 하시지 않은 것'이라고 말하면서 이방인들이 복음으로 말미암아 유대인과 함께 후사가 되고, 지체가 되고, 약속에 참예한 자가 된다고 말합니다(엡 3:1-6). 에베소서 2장과 3장에서 우리는 교회의 중요한 큰 두 지체가 유대인과 이방인임을 확실히 알 수 있습니다.

바울은 유대인과 이방인을 감람나무에 비유했습니다. 유대인은 원감람나무요 거기서 꺾인 부분에 접붙임을 받은 돌감람나무는 이방인이라고 하면서, 유대인과 이방인이 불가분의 관계라고 설명합니다(롬 11:17-24). 유대인의 충만함과 유대인을 받아들이는 것은 이방인들에게 부요함으로 나타나 그 수가 충만해지면 결국 온 이스라엘이 구원을 얻게 될 것이라고 말합니다.

주의 날을 준비하는 교회

그리스도 안에서 '한 새사람'(엡 2:15)으로 세워진 교회에 속한 유대인과 이방인 성도들은 각자 말씀을 살아내어 온전한 신부로서 단장해야 합니다. 한 사람 한 사람의 삶이 하나님이 거하실 영원한 처소입니다. 유대인과 이방인이 하나 된 우주적 교회는 하나님이 거하실 영원한 처소로서 함께 지어져 가며 작지만 귀한 영적인 건축자재로 쓰임받는 것입니다.

유대인 크리스천과 이방인 크리스천은 각각 자신의 동족과 다른 민족에게 엘리야의 심령으로 '하나님께로 돌아오라. 회개하라'는 복음을 전해야 합니다. 담대한 선포로 말미암아 교회는 하나님이 거하실 처소로 한 새사람으로 더 새롭게 지어져가게 될 것입니다.

하나님의 경륜에 의해 유대인의 눈이 가려져 있었습니다. 결국 유대인이 예수를 구주로 믿지 않아서 예수를 죽였습니다. 유대인의 원감람나무 가지가 꺾인 것입니다. 이방인은 유대인이 죽인 예수를 구주로 모셔들여서 그 꺾인 자리에 접붙임을 받았습니다(롬 11:17,20). 이스라엘이 예수를 죽인 그 넘어짐으로 구원이 이방인에게 이르렀고 그로 인해 이스라엘로 시기심이 일어나게 되었습니다. 유대인의 넘어짐이 세상과 이방인의 풍성함이 된 것입니다(롬 11:11,12).

따라서 이방인은 풍성함을 누리며 다른 사람에게 복음을 전해야 할 뿐 아니라 이스라엘에게도 전해야 합니다. 그래서 하나님은 이방인의 풍성함으로 인해 이스라엘로 하여금 시기나게 하여 이스라엘 사람들 중 얼마를 구원받게 하시는 것입니다(롬 11:14). 그러나 이방인들은 스스로 자랑할 수 없습니다. 왜냐하면 접붙임 받은 돌감람나무 가지가 뿌리를 보전하는 것이 아니라 원감람나무 뿌리인 유대인이 돌감람나무 가지를 보전하는 것이기 때문입니다(롬 11:18).

유대 문화 속의 율법과 히브리어 원어성경 속에 하나님나라의 신비가 감추어져 있습니다. 유대인들이 그리스도 예수를 구주로 만나기 전까지는 뿌리의 진액(비밀)들이 감추어져 있습니다. 그러나 유대인이 예수 그리스도를 하나님이 보내신 구원자로 만나게 되면 그 비밀을 알게 되어 뿌리로부터 나오는 진액을 마시게 됩니다(롬 11:17).

사도 바울은 자신의 문화와 모세 율법과 원어성경 속에 있는 그리스도에 대한 비밀을 알기 전에 오히려 열심으로 교회를 핍박하던 자였습니다. 그러나 자신이 핍박하는 예수를 구주로 만나자마자 하나님의 아들이심을 강력하게 전파하게 되었습니다.

그는 복음에 대하여 '그리스도의 비밀, 측량할 수 없는 그리스도의 풍성'이라고 표현하면서 하나님 속에 감추어졌던 비밀의 경륜을 유대인과 이방인들에게 동시에 드러내는 일꾼으로 부르심을 받았다고 고백합니다(엡 3장). 바울 한 사람이 성령충만함으로 뿌리의 진액을 맛보며 자신의 문화와 성경원어 속에 감추어진 그리스도의 비밀을 알게 되자 그 부요함이 동족들과 이방인에게 더 큰 풍성함으로 흘러가게 되었습니다(롬 11:12).

바울은 이방인의 사도로 부름을 받았을 뿐 아니라 천하 유대인을 다 소요케 하는 자였습니다.

"우리가 보니 이 사람은 전염병 같은 자라 천하에 흩어진 유대인을 다 소요하게 하는 자요 나사렛 이단의 우두머리라"(행 24:5).

이 마지막 때에 유대인 성도와 이방 성도들 중에서도 2천 년 전의 바울처럼 천하를 소요케 하는 자들이 많이 나와야 합니다. 그래서 그들이 엘리야의 심령과 능력으로 쓰임 받아서 유대인들과 이방인들이 그리스도 예수로 말미암아 한 성령 안에서 아버지께 나아감을 얻게 해야 합니다.

"이는 그로 말미암아 우리 둘이 한 성령 안에서 아버지께 나아감을 얻게 하려 하심이라"(엡 2:18).

원감람나무에 속한 유대인 크리스천들과 그 가지에 접붙임을 받은 이방인 크리스천들이 바울처럼 말씀을 살아내어 동족과 세계 모든 민족에게 복음을 외칠 때 자신들의 동족에게 그 비밀이 전파되어서 함께 뿌리의 진액을 마시게 될 것입니다(롬 11:17,18). 그러면 하나님의 때에 먼저 이방인의 수가 충만해지게 되고 비로소 온 이스라엘이 구원을 얻을 것입니다(롬 11:25,26). 그리고 나서 그리스도께서 재림하게 될 것입니다.

말씀을 살아내는 기도생활을 위해서는 율법에 매인 생활에서 벗어나게 하는 온전한 복음을 확실하게 깨달아야 합니다. 오직 온전한 복음 안에서만 주께서 원하시는 기도가 가능한 것입니다. 주께서 원하시는 기도에 성공만 한다면 말씀을 살아내는 것은 성령께서 주시는 기쁨과 평강과 자유 안에서 자연스럽게 흘러나오게 됩니다.

chapter 3

기도의 영성

기도의 영성::

말씀이 뇌 속에
풍성히 거하게 기도하라

    신랑 되신 예수 그리스도를 온전히 맞이하기 위해 말씀을 살아낼 수 있는 가장 중요한 열쇠는 기도인데, 이 기도는 십자가 복음 안에서 드려지는 것이어야 합니다. 인간이 만든 종교에서 말하는 기도와 분명히 구분되는 복음적 기도 안에서 성령께서 아버지의 말씀을 살아내도록 우리를 인도하십니다.

    그리스도를 따른다고 하면서도 온전한 복음 안에서 기도하지 않고 문자로 쓴 증서에 묶여 있으면 한낱 종교차원으로 전락하는 무서운 결과를 초래합니다(골 2:20-23). 온전한 복음 안에서의 기도 없이 글자로 쓴 증서를 육체로 지키게 하는 것이 마귀의 최고 무기입니다. 그런데 예수 그리스도께서 마귀가 사용하는 그 증서를 십자가에 못 박아버리고 십자가로 승리하셨습니다(골 2:14,15). 이 기도는 주의 영광 안에서 그리스도의 말씀이 우리 속에 풍성히 거하도록 하며 감사와 찬양이 넘치게 하는 기도입니다(골 3:16).

세례 요한의 기도의 삶

세례 요한은 기도로서 말씀을 살아낸 사람이었습니다. 그의 기도는 메시아를 알아보는 놀라운 영성을 만들어냈습니다. 세례 요한은 탄생부터 남달랐습니다.

"천사가 그에게 이르되 사가랴여 무서워하지 말라 너의 간구함이 들린지라 네 아내 엘리사벳이 네게 아들을 낳아 주리니 그 이름을 요한이라 하라"(눅 1:13).

세례 요한은 부모의 간절한 기도에 의해 모태에서부터 성령으로 충만했습니다(눅 1:15). 그것은 하나님이 메시아의 길을 예비하도록 요한에게 특별히 엘리야의 심령과 능력을 부어주시기 위함이었습니다(눅 1:17). 누가는 그가 포도주나 독주를 마시지 않는 나실인의 삶을 살아갈 것이라고 말했습니다.

나실인이라는 단어는 '헌신한'이라는 뜻의 '나자르'(nazar)에서 파생되었습니다. 구약시대에 나실인은 특별한 목적을 위해 서원하여 금욕과 절제, 기도생활로 헌신한 사람들이었습니다. 하나님은 구약시대에 이스라엘 백성들에게 일정 기간 동안 또는 평생 하나님만을 섬기도록 하는 헌신제도를 마련해주셨습니다(민 6:1-21, 삿 13:5-7, 암

2:11,12). 일평생 나실인으로 말씀을 살아내는 삶을 서원했던 사람들로는 삼손(삿 13:5), 사무엘(삼상 1:11), 레갑 자손들(렘 35:6) 그리고 세례 요한(마 3:4, 눅 1:15)이 있었습니다. 나실인이던 세례 요한의 금욕적 기도생활을 알 수 있는 구절이 있습니다.

"요한의 제자들과 바리새인들이 금식하고 있는지라 사람들이 예수께 와서 말하되 요한의 제자들과 바리새인의 제자들은 금식하는데 어찌하여 당신의 제자들은 금식하지 아니하나이까"(막 2:18).

"요한이 와서 먹지도 않고 마시지도 아니하매"(마 11:18).

세례 요한의 금욕적 기도생활의 목적은 오직 메시아를 기다리는 것이었습니다. 옥에 갇힌 상태에서 자신의 제자를 보내 예수 그리스도께 메시아에 대한 질문을 한 것으로 보아 얼마나 애타게 메시아를 기다리는 신앙이었는지 알 수 있습니다.

"요한이 옥에서 그리스도께서 하신 일을 듣고 제자들을 보내어 예수께 여짜오되 오실 그이가 당신이오니이까 우리가 다른 이를 기다리오리이까"(마 11:2,3).

예수님은 세례 요한을 이 땅에서 가장 큰 자였다고 칭찬하시며 말라기서에서 오리라 한 엘리야가 바로 세례 요한이었다고 확증해주셨습니다. 성도들의 가장 큰 소원은 메시아를 기다리는 것이어야 합니다. 이 땅의 악과 고난은 그리스도께서 오셔야 완전히 끝이 납니다. 오직 그리스도의 재림을 기다리며 세상 유혹에 빠지지 않고 악에서 건짐 받기 위하여 우리는 나실인처럼 금욕하고 절제하며 기도해야 합니다.

복음에 합당한 기도

엘리야의 심령과 능력으로 초림 메시아의 길을 예비하고 메시아를 알아보았던 세례 요한처럼, 예수 그리스도께서 공중에 나타나실 때 우리도 예수님을 정확히 만날 소망을 가져야 합니다. 그 소망이 현실이 되기 위해서는 복음에 합당한 기도로 말씀을 살아내어 우리의 영과 혼과 몸이 흠 없이 보존되도록 해야 합니다.

"평강의 하나님이 친히 너희를 온전히 거룩하게 하시고 또 너희의 온 영과 혼과 몸이 우리 주 예수 그리스도께서 강림하실 때에 흠 없게 보전되기를 원하노라"(살전 5:23).

말씀을 살아내는 기도생활을 위해서는 율법에 매인 생활에서 벗어나게 하는 온전한 복음을 확실하게 깨달아야 합니다. 오직 온전한 복음 안에서만 주께서 원하시는 기도가 가능한 것입니다(빌 1:27). 주께서 원하시는 기도에 성공만 한다면 말씀을 살아내는 것은 성령께서 주시는 기쁨과 평강과 자유 안에서 자연스럽게 흘러나오게 됩니다.

성경에서는 구원에 대하여 과거, 현재, 미래라는 세 가지 차원에서 말하고 있습니다. 우리는 회개하여 그리스도 예수를 구주 하나님으로 모셨을 때 이미 구원을 얻은 것이라고 바울은 과거 시제로 말하고 있습니다(엡 2:9). 이미 얻은 과거적 구원은 영의 구원을 말합니다. 하나님이 우리가 예수님을 구주로 영접할 때 우리에게 새 영을 주시고 새 영 안에 성령이 계시게 하시어 영의 구원을 이루신 것입니다(겔 36:26,27, 요 7:37-39, 약 4:5).

그러나 영의 구원을 이룬 우리는 아직도 썩어질 몸을 입고 있습니다. 성경은 우리의 썩을 몸이 썩지 아니할 주님의 영광의 몸의 형체로 변하게 하실 것이라고 하며 몸의 구원에 대하여 미래 시제로 표현하고 있습니다(빌 3:21). 그래서 우리는 믿음의 역사로 영은 이미 구원을 받았고 소망의 인내를 가지고 몸의 구원을 기다리는 것입니다.

또한 우리는 날마다 구원을 이루어 나가는 현재적 구원을 이루어야 합니다(빌 2:12). 그것은 혼의 구원과 관련이 있습니다. 혼의 구원은 오직 사랑으로 이루어야 합니다. 믿음, 소망, 사랑 중에 제일은 사랑이라고 합니다. 모든 계명 중에 가장 큰 계명은 하나님을 사랑하는 것이고 두 번째는 이웃을 사랑하는 것입니다.

하나님을 사랑하는 방법은 먼저 하나님을 바라보는 것입니다. 이것이 복음적인 기도의 원리입니다. 예를 들어 우리의 삶 속에서 갑자기 좋지 않은 일이 생깁니다. 그 일이 일어나자마자 즉시, 우리의 혼(지, 정, 의)으로 하나님을 바라보며 사랑하는 것입니다. 그러면 바라보는 사랑의 믿음을 통하여 하나님이 이미 과거에 영의 구원을 이루어 보좌에 앉혀주신 것이 믿어지고, 또한 미래에 우리 몸의 구원을 온전히 이루실 것을 믿게 됩니다. 우리 안에 계신 하나님을 바라볼 때, 영과 몸의 구원에 대한 믿음으로써 그 순간에 혼(지, 정, 의)이 지켜지는 것입니다. 날마다 다가오는 현재의 삶에서 하나님을 바라보며 사랑함으로써 영과 몸의 구원을 믿는 믿음으로 혼(마음)을 지키며 모든 두려움을 내어쫓고 평강과 기쁨을 누리게 됩니다. 그래서 영과 혼과 육이 흠 없이 보존되어 그리스도가 강림하실 그 날에 그리스도와 함께 아버지 보좌에 영원히 앉게 되는 온전한 구원이 이루어지는 것이 말씀을 누리는 복음적 삶의 핵심입니다.

"이기는 그에게는 내가 내 보좌에 함께 앉게 하여 주기를 내가 이기고 아버지 보좌에 앉은 것과 같이 하리라"(계 3:21).

혼은 지, 정, 의로 이루어져 있습니다. 감정(정)을 불러일으키는 것은 생각(지)입니다. 감정은 의지적 행동이라는 결과를 가져오는 에너지 역할을 합니다. 사람들은 무슨 일에 대한 어떤 생각(지) 때문에 화(정)가 불끈 솟아올라 거친 말과 주먹을 휘두르게(의지적 행동) 됩니다. 때문에 이 생각을 지켜서 모든 부정적인 감정을 순간적으로 버리고 하나님을 바라보며 사랑해야 합니다. 그럴 때 하나님으로부터 하늘의 평강이 흘러옵니다. 이것이 날마다 현재적 삶에서 이루어야 할 혼적 구원인 것입니다.

성경에서 "두려워하지 말라"는 표현이 365회 기록되었다고 합니다. 그것은 매일 매 순간 두려워하지 말라는 의미일 것입니다. 두려움 외에 근심, 걱정, 염려, 낙심, 수치심, 미움 등 부정적인 감정들이 있는데 '두려움'이라는 감정을 처리하는 방법을 모든 부정적인 감정에 적용할 수 있습니다.

그런데 두려워하지 말라는 것은 0.1초도 두려워해서는 안 된다는 말이 아닙니다. 단 한 순간, 즉 잠깐이라도 두려워하지 말아야 될 것처럼 완벽주의적으로 오해하며 쉽게 정죄감에 빠져 마귀에게 속고 있는 그리스도인들이 많습니다. 그것은 율법적 삶의 대표적인 모습입니다. 두려워하지 말라는 것은 두려움 속에 오래 빠져 있지 말고 주와 연합된 믿음으로 두려움을 주는 생각에서 가능한 한 빨리 나와 평강과 기쁨을 취하라는 것입니다. 우리는 옛 생명의 습관에 물든 썩어질 육체를 입고 있는 한 어쩔 수 없이 두려워하게 되는 존재입니다. 있는 모습 그대로 그것을 인정하는 것부터 복음을 누리기 시작하는 것입니다. 그러나 우리에게는 또 다른 정체성이 있습니다. 즉, 그리스도 예수의 부활의 생명을 닮은 새 생명을 입은 존재입니다. 변화된 중심, 즉 이미 그리스도와 연합된 완전한 새 생명이 있고 그 안에 성령님을 모시고 사는 정체성이 우리의 영적 실제입니다.

우리 안에 계신 성령님은 복음을 실제로 누리게 하시는 분이십니다. 옛 생명의 생각에 속아서 두려워했던 나는 십자가에 이미 죽었고, 부활의 첫 열매가 되신 예수님과 함께 부활하여 하늘 보좌에 앉혀진 존재라는 것을 깨닫게 해줍니다. 그러므로 내 안의 성령님을 바라보면 성령님은 우리에게 하늘에 앉혀진 것을 믿게 하시고 하늘의 평강을 부어주십니다(롬 14:17).

옛 생명이 예수님과 함께 죽고, 부활한 새 생명이 하늘 보좌에 예수님과 함께 앉혀졌다는 것을 깨닫게 하기 위해서 내 안에 오신 분이 성령님이라는 이 온전한 복음은 창세전에 예비된 것입니다. 시간과 공간과 물질이 만들어지기도 전에 정하신 것이기에 그 어떤 피조물과 어떠한 상황도 그리스도 안에서 누리는 사랑과 기쁨과 평강에서 우리를 끊을 수 없습니다.

모든 환경과 시간 속에서 우리는 잠시 두려움에 빠질 수 있으나 이 초월적 복음을 어린아이와 같이 받아들이는 순수한 믿음만 있다면 하늘 보좌에 앉혀진 복음을 믿음으로 그 보좌에 계신 사랑의 하나님을 바라보는 기도로써 하늘 평강과 기쁨을 누리게 되어 두려움을 내어쫓게 됩니다.

항 상 기 뻐 할 수 있 는 이 유

저는 뉴욕 맨해튼에서 전 세계 모든 민족에게 주님의 죽으심, 부활, 승천, 보좌, 성령강림 그리고 다시 오심을 전하고 있습니다. 그리고 유대인들이 백만 명 정도 사는 것으로 추정되는 뉴욕 브루클린 거리를 걸으며 에베소서 1장과 2장을 선포하며 유대인과 이방인이 그리스도 예수 안에 한 새사람으로 지어져가는 것을 위해 기도하고 있습니다.

2014년 3월 29일 토요일 저는 여느 때와 다름없이 유대인을 향해 하나님의 말씀을 선포하는 사역을 하기 위해서 브루클린에 도착하여 차를 세우고 리 에비뉴(Lee Ave)로 향했습니다. 리 에비뉴는 한국에서 두 번째로 많은 성 "이"(Lee)와 똑같은 이름의 거리입니다. 세계 선교의 완성이라는 측면에서 한국인과 유대인의 긴밀한 관계를 말해 주는 것 같아 이 거리를 특별하게 생각하고 주로 거기서 유대인을 위한 말씀 선포 사역을 하고 있습니다.

리 에비뉴는 유대인 상가 지역이라서 많은 유대인들로 북적거립니다. 저는 주차하고 차에서 내리자마자 리 에비뉴를 따라 걸으면서 에베소서 1장부터 암송으로 선포하기 시작했습니다. 거리의 이곳저곳 이 사람 저 사람을 쳐다보며 선포되는 말씀이 그들의 심령에 꽂히기를 소원했습니다. 1장부터 시작하여 2장으로 넘어와 6절을 선포하는 바로 그 순간에 저의 시선은 한 글자에 고정되었습니다. 그 글씨는 한 유대인 상점의 윈도우 안에 진열되어 있는 종이 박스에 쓰인 글자였는데, 그 글자를 보자마자 제 영이 춤추기 시작했습니다. 그 단어는 바로 제가 선포하고 있었던 에베소서 2장 6절의 내용과 깊은 관련이 있는 히브리어 단어였기 때문입니다. 그 단어는 'KEDEM'(케뎀)이었습니다.

케뎀이라는 단어는 이스라엘의 목사님 부부 아리엘과 드보라에게 배운 단어였습니다. 케뎀은 제가 십수 년 동안 집중해오던 에베소서 2장 6절 "그리스도 예수 안에서 함께 하늘에 앉히시니"라는 표현과 깊은 관련이 있는 단어였습니다.

"여호와 하나님이 동방의 에덴에 동산을 창설하시고 그 지으신 사람을 거기 두시니라"(창 2:8).

'동방에'라는 단어에 해당하는 히브리어가 '미케뎀'인데 '미'는 '…으로부터'(from)라는 뜻이고 '케뎀'은 동쪽이라는 뜻도 있지만 더 중요하고 깊은 뜻은 '태초 이전'이라는 뜻입니다. 그리고 에덴을 번역하면 '기쁨'이라는 뜻입니다. 그러므로 창세기 2장 8절을 원어에 충실하게 번역하면 이런 뜻입니다.

"여호와 하나님이 태초 이전으로부터 기쁨의 동산을 창설하시고 지으신 사람을 거기 두시니라."

천지 창조 이전 즉, 시간과 공간과 물질이 만들어지기도 전에 오직 하나님만 계셨습니다. 천지가 창조되기 이전에 우리를 하나님 속의 기쁨의 동산에 두신 것입니다. 태초 이전의 기쁨의 동산은 바로 하나님 속에 있었던 것인데 그곳이 하나님의 보좌입니다. 즉 창세전에 그리스도 안에서 우리를 택하여 하늘 보좌에 앉혀주셨다는 것입니다. 그래서 바울은 예수님의 죽음과 부활을 믿는 자들이 예수님과 함께 죽었고 부활했으며 보좌에 앉혀졌다고 표현합니다(엡 2:6).

그리스도와 함께 죽은 나(갈 2:20), 그리스도와 함께 부활한 나(엡 2:5), 그리스도와 함께 하늘 보좌에 앉혀진 나(엡 2:6, 계 3:21), 그리고 죽음과 부활, 보좌에 연합된 나를 깨닫게 하신 분이 성령님(요 14:20) 입니다.

저는 1997년부터 이 온전한 복음(연합의 복음)을 믿게 되었고, 그 복음을 살아내기 시작하며 전도하기 시작했습니다. 온전한 복음으로 인해 주님이 주의 종으로 부르시는 음성을 듣게 되었으며 그 뒤로 세계 선교 사명을 따라 유대인과 세계 열방을 향해 그리스도 예수를 선포하는 사역을 하도록 뉴욕으로 부르심을 받았습니다.

1997년 당시 저는 "너는 이 죽음과 부활 그리고 보좌 연합의 진리를 많은 사람에게 전파하게 되리라"는 주의 음성을 들었습니다. 하나님의 음성대로 저는 1997년부터 오늘날까지 그 연합의 진리를 선포하고 있습니다. 특히 다른 이들이 많이 강조하지 않는 보좌 연합의 진리에 대하여 더욱 힘주어 선포해왔습니다.

최근에 창세기 2장 8절이 태초 이전(KEDEM, 케뎀)에 나를 하나님 속(보좌) 기쁨의 동산에 두셨고, 그것이 그리스도와 함께 하늘 보좌에 앉혀졌다는 에베소서 2장 6절 말씀과 짝을 이룬다는 것을 알고 나서 '케뎀'이라는 단어를 알게 된 기쁨 가운데 푹 빠져서 집회 때마다 이것을 전하고 있었습니다. 그런데 바로 에베소서 2장 6절 "그리스도 예수 안에서 함께 하늘에 앉히시니"라는 부분을 선포하는 순간 상점의 윈도우 안에 있는 종이박스에 쓰여진 'KEDEM'(케뎀)이라는 단어를 보게 된 것은 놀라운 하나님의 인도하심이었습니다.

우리가 어떤 일에 대해 두려움과 모든 부정적인 감정에서 빨리 빠져나와 항상 기뻐하며 말씀을 살아낼 수 있는 이유는 모든 창조물들 및 시간과 공간조차도 창조되기 전에 하나님 안의 기쁨의 동산에 우리를 두셨기 때문입니다. 그래서 창조 이후 어떤 피조물들도 어떤 환경이나 시간도 우리 주 예수 그리스도 안에 있는 하나님의 사랑에서 우리를 결코 끊을 수 없습니다.

우리의 옛 생명은 눈에 보이는 것들과 귀에 들리는 것들, 즉 몸과 혼으로써 감지할 수 있는 모든 것들에 대해 일시적으로 반응하여 감정을 불러일으킵니다. 그러나 내가 그리스도와 함께 십자가에 못 박혀 죽었다는 것을 믿는 즉시 옛 생명을 십자가에 처리해버리고, 부활의 새 생명이 하늘 보좌에 '미케뎀'(천지 창조 이전에) 차원에서 앉아 있음을 알 수 있습니다. 그럴 때 우리는 천지 창조 이전의 하나님 안의 기쁨의 동산 안에 있음을 누리게 되어 어떤 피조물도 끊을 수 없는 온전한 기쁨과 평강 속에서 말씀을 살아내게 됩니다.

위의 것을 찾으라

사도 바울은 그리스도와 함께 다시 살리심을 받았으면 위의 것을 찾으라고 말합니다(골 3:1). 그리스도와 함께 살리심을 받을 수 있는 자격 요건은 하나밖에 없습니다. 그리스도와 함께 죽는 것입니다. 또한 그리스도와 함께 죽고 살리심을 받은 자는 그리스도와 함께 하늘에 앉혀졌다는 특권도 누리게 됩니다. 바로 사도 바울은 더는 올라갈 곳이 없는 가장 높은 곳에 이루어진 우리의 정체성을 항상 기억하고 찾고 누리라는 차원에서 '위의 것을 찾으라, 위의 것을 생각하고 땅의 것을 생각하지 말라'고 강조한 것입니다(골 3:1,2).

"이는 너희가 죽었고 너희 생명이 그리스도와 함께 하나님 안에 감추어졌음이라"(골 3:3).

사도 바울은 그리스도를 알기 전에 모세오경에 능통한 자였습니다. 그는 창세기 2장 8절의 '미케뎀'을 '천지 창조 이전으로부터'라는 뜻으로 이해하고 있었습니다. 그러나 바울이 창세전에 하나님 속 기쁨의 동산에 사람을 두셨다는 것을 처음 이해한 것은 그리스도를 통한 지식이 아니었습니다. 그랬기 때문에 그는 율법의 의로는 완전한 자였음에도 불구하고 그리스도의 몸인 교회를 박해하는 데 가장 열심이었습니다(빌 3:6).

교회를 박해했던 바울은 다메섹으로 가던 중 그리스도를 직접 만났습니다. 그리고 아나니아에게 안수를 받고 성령님을 통해 영적인 눈의 비늘이 벗겨졌습니다(행 9:17-22). 그래서 하나님의 창세전의 선택이 오직 그리스도 예수 안에서의 선택임을 깨닫게 되었습니다. 그는 서신서 전반에 걸쳐 '그리스도 안에서 창세전에 택하심, 예정하심'이라는 사상을 가장 중요하게 다루며 반복해서 강조하고 있습니다.

"곧 창세전에 그리스도 안에서 우리를 택하사 우리로 사랑 안에서 그 앞에 거룩하고 흠이 없게 하시려고 그 기쁘신 뜻대로 우리를 예정하사 예수 그리스도로 말미암아 자기의 아들들이 되게 하셨으니"(엡 1:4,5).

그가 에베소서 1장 3절에서 말하는 "그리스도 안에서 하늘에 속한 모든 신령한 복"이라는 것은 우리 눈에 보이는 하늘을 말하는 것이 아닙니다. 바로 우리 눈에 보이는 하늘 너머 "천지 창조 이전에 그리스도 안에서 기쁨의 동산에 두셨다"는 차원의 복입니다. 그리고 에베소서 1장 6절에서 말하는 '거저 주시는' 복이라는 것도 단순히 공짜 개념을 뛰어넘는 천지 창조 이전에 그리스도 안에서 택하신 복이라는 것입니다. 에베소서에서 계속적으로 등장하는 '충만, 풍성, 비밀, 경륜'이라는 단어는 바로 이 '미케뎀'(천지 창조 이전)이라는 단어와 관련된 표현입니다.

"모든 성도 중에 지극히 작은 자보다 더 작은 나에게 이 은혜를 주신 것은 측량할 수 없는 그리스도의 풍성함을 이방인에게 전하게 하시고 영원부터 만물을 창조하신 하나님 속에 감추어졌던 비밀의 경륜이 어떠한 것을 드러내게 하려 하심이라"(엡 3:8,9).

바울은 창세전에 하나님 속에 감추어져 있던 비밀의 경륜인 '미케뎀'을 전하도록 부르심을 받았습니다. 이것을 깨달은 그는 오직 그리스도 안에서 하늘에 있는 것이나 땅에 있는 것이 통일되는 것이라고 말했습니다(엡 1:10). "그리스도 안에서 창세전에 우리를 택하신"이라는 개념에서 가장 중요한 단어는 "그리스도 안에서"입니다.

예수님이 기도를 가르쳐주실 때 "하나님나라 임하소서 아버지의 뜻이 하늘에서 이룬 것과 같이 땅에서도 이루어질지이다"라고 하신 것은 아버지 하나님은 당신의 뜻을 이미 하늘에서 다 이루셨다는 것입니다. 하나님이 이미 다 이루신 것을 그리스도 안에서 이 땅에서 펼쳐나가시는 것입니다. 그것이 '하나님의 예정'이라는 속성입니다.

천지 창조 이전에 하나님 속에 기쁨의 동산을 창설하시고 지으신 사람을 거기에 두신 하나님은 실제로 이 지구 가운데에 기쁨의 동산을 나타내시고 아담과 하와를 흙으로 지으셔서 거기에 두시며 인간의 역사를 이루게 하셨습니다. 하늘에서 이루신 기쁨의 동산을 이 땅에 그대로 반영시켜 나타내셨던 것입니다.

그런데 하나님은 이 땅에서 아담과 하와를 비롯한 모든 인류가 죄 가운데 빠질 것을 미리 다 아셨습니다. 그래서 그 죄를 해결하실 방법을 창세전에 미리 세우신 것인데 그 해결 방법이 그리스도를 이 땅에 보내셔서 죽음과 부활을 이루는 것입니다. 그것이 그리스도 안에서 창세전에 택하셨다는 의미입니다.

그리스도의 죽음과 부활을 믿는 자들을 죽음과 부활에 연합시키

서서 하늘 보좌에 그리스도와 함께 앉히시는 것입니다. 바로 그리스도와 함께 앉은 그 보좌가 '미케뎀' 차원의 하나님 속 기쁨의 동산입니다. 그래서 우리가 그리스도와 함께 죽고 부활하여 하늘에 앉혀졌다는 복음의 핵심이 창세전에 예정된 것이므로 "창세전에 그리스도 안에서 우리를 택하셨다"고 표현한 것입니다.

우리는 늘 위의 것을 찾고 생각함으로 말씀을 살아내야 합니다. 열세 권의 바울서신들 속에 공통적인 놀라운 인사말이 나옵니다. 첫 부분에서 "하나님 우리 아버지와 주 예수 그리스도께로부터 은혜와 평강이 너희에게 있을지어다"라고 합니다. 끝 부분에서는 "은혜가 너희에게 있을지어다"라는 표현이 나옵니다. 열세 권의 바울서신 중 단 한 권의 책도 예외가 없이 시작 부분과 끝 부분에 '은혜와 평강', '은혜'라는 인사말이 있는 것입니다. 이 인사말이 사실상 바울서신의 주제라고 볼 수 있습니다. 바울은 하나님이 우리를 창세전에 그리스도 안에서 보좌에 앉혀주셨다는 은혜를 믿기만 한다면 항상 평안할 수 있다는 것을 강조하고 있습니다.

바울은 로마서 8장 30절과 고린도전서 6장 11절에서 모든 구원의 단계가 이미 다 이루어진 것으로써 '예정하셨고, 부르셨고, 씻으셨고, 의롭게 하셨고, 거룩하게 하셨고, 영화롭게 하셨다'고 과거 시제로 말하고 있습니다. 이미 다 이루어졌다는 과거 시제의 의미는 시간이 만들어지기 전, 즉 창세전에 이미 그리스도 안에서 택하셨다는 것을 풀어서 설명하고 있습니다.

  천지 창조 이전에 그리스도 안에서 택하셔서 기쁨의 동산인 하늘 보좌에 앉혀주셨기에 어떤 창조물과 환경과 그 어떤 시간들도 우리 주 그리스도 예수 안에 있는 하나님의 사랑에서 끊을 수 없습니다. 이것이 놀라운 하나님의 은혜이며 그 은혜를 믿는 자는 언제 어디서나 평강을 누릴 수 있습니다. 바울은 시작 부분에서 그것이 오직 하나님 우리 아버지와 주 예수 그리스도에게서 온 은혜이며 그 은혜를 아는 자는 평강을 누릴 수 있음을 강조하고 있습니다.

말씀이 풍성히 거하는 기도

  바울은 '그리스도의 말씀이 너희 속에 풍성히 거하도록 하라'고 권면합니다. 이것이 우리 속에 풍성히 거하는 말씀이 기도의 유일한 재료입니다. 왜냐하면 기도는 주의 뜻을 구하는 것이기 때문입니다.

  "그리스도의 말씀이 너희 속에 풍성히 거하여"(골 3:16).

  그리스도의 말씀이 우리 속에 풍성히 거하도록 해야 한다는 것은 성경공부를 많이 해야 한다는 의미라기보다 말 그대로 성경말씀을 많이 암송하여 단순히 마음속에 저장해야 한다는 것입니다. 저의 두 번째 저서인 《말씀으로 기도하라》에서는 온전한 복음(연합의 복음) 안에서의 성경암송기도가 우리 신앙의 가장 중요한 기초임을 성경적이며 어원(히브리어)적으로 강조했습니다. 여기서 중요한 부분을 조금 인용해 보겠습니다.

시편 1편 2절의 '묵상'에 사용된 히브리어는 '하가'입니다. 이 단어는 '침묵으로 생각하다'라는 뜻이 아니라 '소리를 내다'라는 뜻인데, 모든 전통 유대인들은 '하가'를 '암송으로 소리를 내다'라는 뜻으로 이해하고 있습니다. 그래서 그들은 주야로 성경말씀을 반복하고 암송하며 여호와 하나님을 묵상했습니다.

또한 묵상이라는 단어가 잘못된 번역이기는 하지만, 묵상이라는 단어도 '반추'(초식동물이 풀을 입으로 씹어 위에 1차적으로 저장하고 그 저장된 음식을 다시 끄집어내어 또다시 씹어 위로 넘기는 동작을 반복하는 행위)라는 의미에서 유래했다는 것을 이해해야 합니다. 그것을 이해했다면 그리스도의 말씀이 풍성히 거하도록 하는 것은 입을 사용하여 말씀을 소리 내어 우선 암송하여 마음속에 저장하고, 저장된 말씀을 수시로 다시 끄집어내어 입술과 혀로 반복적으로 암송하여 마음속에 튼튼하게 저장되도록 끊임없이 되새기는 의미라는 것을 쉽게 알 수 있습니다.

시편 119편의 저자도 주의 말씀을 살아내는 삶을 위하여 말씀을 마음에 간직하며 잊지 않겠다고 고백합니다. 신명기 6장 6-9절의 '쉐마 이스라엘'은 모든 전통 유대 백성들이 가장 중요하게 생각하며 지키고 있는 개념입니다.

우리가 회개하고 복음을 믿을 때 우리의 정체성은 그리스도와 함께 죽고 부활하여 보좌에 앉혀지고 성령님을 모시고 사는 영적 새 생명이라는 정체성을 갖게 됩니다. 우리의 영적 생명이라는 정체성은 우리의 노력이 아닌 하나님의 은혜로 한순간에 바뀌게 되는 것입니다.

그러나 우리는 아직도 그리스도를 알기 전에 세상의 가치관대로 움직이고 말하는 행동과 습관에 물들어 있는 썩을 육체를 가지고 있으며, 그 육체를 세상적으로 움직이게 했던 혼적 자아를 갖고 있습니다. 그것이 아직도 성령의 소욕을 거스르는 육체의 소욕입니다. 그래서 바울은 자기 속에 하나님의 법을 따르는 자신과 죄의 법을 따르는 자신인 두 개의 '나'가 있다고 했습니다. 즉, 그리스도인들은 속에 하나님의 법을 따르는 새 영이 창조되었지만 한편으로는 썩어질 몸을 그대로 가지고 있어서 그 육체가 언제든지 죄의 법을 따르게 되는 자신을 보는 것입니다.

첫 사람 아담과 하와가 불순종하여 따 먹은 나무를 하나님이 지식의 나무라고 이름을 붙이셨습니다. 아담과 하와는 '먹으면 정녕 죽으리라'는 하나님의 말씀을 무시했습니다. 그리고 '먹어도 안 죽을 거야!'라는 자신의 지식으로 따 먹고 불순종했습니다. 그래서 아담 이후 모든 인간은 전적으로 타락하고 부패한 지식을 소유하게 되었습니다.

그런데 우리는 십자가 위에서 죽으시고 부활하신 예수 그리스도 앞에 회개하고 그분을 구주로 영접함으로써 옛 사람을 벗어버리고 새사람을 입었습니다. 그래서 기도로써 지식에까지 새롭게 하심을 받아야 합니다(골 3:9,10). 지식에까지 새롭게 하심을 받는다는 것은 성경암송을 통한 기도를 통하여 인간의 뇌가 어떻게 작용하는지 알 때 잘 이해됩니다.

우리의 뇌는 하늘과 땅을 동시에 살 수 있도록 창조된 기관입니다. 뇌의 작용으로 쓰여진 말씀을 읽고 암송하며 말씀에 묘사된 하늘 보좌 기쁨의 동산을 얼마든지 상상하며 거닐 수 있기 때문입니다. 그리고 말씀을 암송하는 기도로 하늘 기쁨의 동산을 걸었던 삶을 이 땅에서 그대로 반영하여 암송된 말씀을 살아낼 수 있습니다.

우리의 모든 말과 행동을 유발하는 뇌 속에는 신경세포인 뉴런이 천억 개 정도 있다고 합니다. 이미 알려진 과학 이론은 보통 사람들이 천억 개 뉴런 중 3퍼센트밖에 사용하지 않는다고 합니다. 반면에 어느 크리스천 뇌 과학자는 우리가 천억 개 정도 되는 뉴런 중 0.001퍼센트만 쓰고 있다고 합니다. 이 이론에 의하면 지식에까지 새롭게 하심을 받을 수 있는 사용하지 않은 새 뉴런들이 97-99.99퍼센트가 있는 것입니다.

그리스도인은 육체의 소욕이 성령을 거스르고 성령의 소욕이 육체를 거스르는 이중적 구조의 정체성을 가지고 있습니다. 즉 혼 속에 있는 우리의 생각은 성령을 따르기도 하고 육체를 따르기도 합니다.

그런데 육체의 소욕을 따르는 우리의 모습은 우리 뇌 속에 이미 저장되어 있는 세상적 습관을 불러일으키는 뉴런 속에 저장된 생각의 결과입니다.

그래서 그리스도인에게 우선적으로 필요한 것은 성경공부가 아닙니다. 오히려 하늘 보좌에 앉아 있음을 믿으며 암송으로 우리 뇌 속에 그리스도의 말씀을 풍성히 거하도록 하는 기도가 필요합니다. 말씀을 새롭게 암송하면서 보좌에서 주의 영광을 바라보는 기도를 할 때 아직 사용하지 않은 새 뉴런 속에 말씀이 심겨집니다. 그러면 말씀이 과거의 세상 가치관에 물든 옛 뉴런 시스템을 십자가에 못 박게 되는 효과를 가져오는 것입니다.

우리는 이 기도를 통해 날마다 땅의 지체를 먼저 죽여야 합니다. 땅의 지체의 열매가 음란과 부정과 사욕과 악한 정욕과 탐심이라고 했습니다(골 3:5). 즉, 썩은 삶의 열매는 부패한 뇌 속의 옛 뉴런 시스템의 결과입니다. 그래서 땅의 지체를 죽이라는 것은 그 행동을 유발시키는 뇌 속의 옛 생명의 뉴런 시스템을 죽이라는 것입니다. 그것은 단순히 '악한 생각을 하지 말아야지. 순종해야지'라고 결심한다고 해서 이루어지는 것이 아닙니다. 왜냐하면 그 결심이라는 의지 자체가 부패한 옛 생명의 지성과 감정에서 비롯된 것일 수 있기 때문입니다.

먼저 우리는 타락하고 부패한 0.001-3퍼센트의 옛 뉴런 시스템을 부인하며, 하나님의 의로운 생각이신 성경말씀을 사용하지 않은 새 뉴런 시스템 속에 형성되도록 심어야 합니다. 그렇게 할 때 하나님 보좌에서 주의 영광과 얼굴만을 구하는 성경암송기도를 통하여 뇌 속 뉴런에 새로운 하늘 보좌 기쁨의 동산을 거닐게 된 영적 지체가 형성됩니다. 그와 동시에 땅의 지체인 옛 생명의 뉴런 시스템을 십자가에 못 박게 되어 땅의 지체가 죽는 삶의 열매로 나타나게 됩니다.

우리는 초월자 하나님을 지식으로 이해해서 믿으려는 옛 지성의 부패한 성향부터 우선 십자가에 못 박는 기도로 깊이 나아가야 합니다. 그리스도인이 된 직후에 세상적 옛 뉴런 시스템을 십자가에 못 박는 자기 부인의 기도 없이, 성경공부만 해서는 안 됩니다. 타락한 세상적 가치관이라는 옛 뉴런(부대)을 가지고 하나님의 말씀을 지식적으로 먼저 분석하게 되면 하나님의 말씀이 옛 부대에 저장되는 결과를 초래하게 됩니다. 그것이 바로 교회 안에서 풍부한 성경지식을 가진 사람들이 세상적인 소리를 내며 교회를 혼란에 빠뜨리고 분열시키는 원인 중 하나입니다. 왜냐하면 새 포도주를 옛 부대(타락하고 부패한 뉴런 시스템)에 담았기 때문입니다.

우리는 기록된 말씀을 넘어서 지금 내게 주시는 레마의 말씀을 받아야 합니다. 쓰여진 말씀을 영으로 섭취하고 영의 말씀인 레마로 받는 비결이 바로 쓰여진 말씀을 입술(몸)로 뇌(몸) 속에 저장하는 것입니다. 포기하지 않고 지속적으로 입술과 뇌의 새로운 뉴런 속에 쓰여진 말씀을 각인시키다보면 그것이 그다음 단계로 마음(혼=지, 정, 의)속에 들어갑니다. 그래서 그 쓰여진 말씀이 우리의 혼을 기경하게 됩니다. 그러다 보면 그다음 단계로 혼을 기경하는 말씀이 영의 말씀인 레마로 부어지게 되어 하늘에서 부어지는 생수와 기름부으심을 받게 됩니다.

보좌에서 성경암송으로 말씀이 우리 뇌 속에 풍성히 거하게 하는 것은 마치 갓난아이가 어미젖을 빨며 쑥쑥 성장하는 것과 같습니다. 갓난아이는 젖에 대한 성분과 어미에 대한 지식이 제로인 상태에서 젖을 빨아먹습니다. 지식이 제로이지만 아이는 놀랄 만한 성장을 보입니다.

우리는 새 날을 맞이할 때 새 포도주인 말씀을 새 부대에 먼저 담아야 합니다. 새 부대로 나아가는 것은 어린아이와 같은 뇌의 상태로 돌이키듯이 옛 생명의 뉴런 시스템을 부인하는 것입니다. 새로운 뉴런들 속에 성경을 암송하여 저장함으로써 그리스도의 말씀이 새롭게 우리 속에 풍성히 거하게 하는 것입니다. 그럴 때 새 부대에 담긴 새 포도주가 옛 지식까지도 더욱 깊이 있게 변화시키는 것을 체험하게 됩니다.

우리는 그리스도를 알기 이전의 모든 것들을 배설물로 여겨야 합니다. 그래서 매일 새 부대가 되려면, 세상적 가치관과 바로 어제까지의 고정관념까지도 포기하는 차원으로 나아가야 합니다. 이미 형성된 뉴런의 세상적 시스템을 완전히 십자가에 못 박는 자기 부인의 기도가 먼저 필요한 것입니다.

이것이 바로 유혹의 욕심을 따라 썩어져가는 구습을 따르는 옛 사람을 벗어버리고 오직 심령(생각)이 새롭게 되어 하나님을 따라 의와 진리의 거룩함으로 지으심을 받은 새사람을 입게 되는 것입니다(엡 4:22-24). 영적 차원에서 새사람을 입었을 뿐만 아니라 혼적으로도 새사람을 입게 되는 것입니다.

"옛 사람과 그 행위를 벗어버리고 새사람을 입었으니 이는 자기를 창조하신 이의 형상을 따라 지식에까지 새롭게 하심을 입은 자니라"(골 3:9,10).

그런데 뇌 속에 하나님의 법을 심는 차원의 성경암송기도를 할 때 반드시 주의해야 할 것이 있습니다. 전적으로 성령님을 의지해야 합니다. 왜냐하면 우리는 살리는 영의 말씀보다는 죽이는 문자(고후 3:6)에 순종하려는 율법적 성향의 육체를 소유하고 있기 때문입니다. 말씀을 살아내게 하시는 분은 성령님입니다.

"너희가 세상의 초등학문에서 그리스도와 함께 죽었거든 어찌하여 세상에 사는 것과 같이 규례에 순종하느냐"(골 2:20).

뉴런은 종려나무와 같이 생겼다고 합니다. 뉴런의 세포체라는 중심부에 가지들이 형성되어 있습니다. 그 가지들이 생각의 나뭇가지입니다. 성령님은 불, 바람, 생수라는 특징으로 표현됩니다. 하나님의 말씀으로 뇌 속의 새로운 뉴런 시스템 속에 저장시키려 할 때 성령님께 불, 바람 그리고 생수를 구해야 합니다.

'옛 세상적 가치관의 뉴런의 나뭇가지를 불로 태워주소서. 하나님 말씀의 새로운 뉴런의 나무 뿌리에 생수로 역사해주소서. 새 뉴런 나뭇가지들 사이에 바람으로 역사하소서. 고정관념에 묶이지 않는 움직이는 유연한 생각의 나뭇가지들이 되게 하소서. 그리하여 말씀을 살아내게 하소서.'

넘치는 감사로 뿌리를 박다

넘치는 감사는 말씀을 살아내게 하는 원동력입니다. 우리의 기도는 하늘 보좌에서의 기도입니다. 하늘 보좌는 이미 모든 것이 이루어진 곳입니다. 그래서 우리는 요한계시록의 보좌 주변의 이십사 장로처럼 주의 영광의 보좌에서 찬양과 경배와 감사를 넘치게 해야 합니다. 그럴 때 우리는 그 보좌에 더 깊이 뿌리를 박게 되며 세움을 입게 되어 말씀을 살아내게 되는 것입니다(골 2:7).

"이십사 장로들이 보좌에 앉으신 이 앞에 엎드려 세세토록 살아 계시는 이에게 경배하고 자기의 관을 보좌 앞에 드리며 이르되 우리 주 하나님이여 영광과 존귀와 권능을 받으시는 것이 합당하오니 주께서 만물을 지으신지라 만물이 주의 뜻대로 있었고 또 지으심을 받았나이다 하더라"(계 4:10,11).

이십사 장로들이 보좌에서 면류관을 벗어던지며 경배한다는 표현은 우리에게 중요한 것을 가르쳐줍니다. 면류관은 하나님을 만나고 하나님과 교제하며 하나님의 뜻을 순종하여 받게 된 귀한 상급입니다. 그 상급으로 받은 면류관조차도 벗어던지며 오직 보좌에 계신 어린양과 하나님께 경배를 드리는 것이 보좌의 기도이며 경배와 찬양입니다.

하나님을 찬양하며 경배하는 최고의 도구는 우리 생각의 말이 아닌 하나님의 생각인 성경말씀입니다. 하나님이 우리에게 하신 말씀을 하나님의 귀에 다시 들려드리는 소리를 하나님이 가장 기뻐하십니다. 따라서 하늘 보좌에서 성경 암송을 통해 보좌에 계신 어린양께 경배와 감사를 넘치게 할 때 우리는 그 보좌에 점점 더 깊이 뿌리를 박게 됩니다.

초보 신앙인이나 수십 년의 관록을 자랑하는 평신도나 목회자 신학자나 남녀노소를 불문하고 하나님의 보좌 앞에서 공통적으로 주님께 먼저 보여드려야 할 것이 있습니다. 그것은 지식적 추구가 아니라 어린아이와 같은 마음으로 드리는 감사와 경배입니다. 우리는 매일 성령충만을 받아야 하는데 성령님이 부어주시는 생수의 강에 충만하게 잠기기 위해서 성령님을 향할 수 있는 최고의 도구를 사용해야 합니다. 성령님을 바라보는 최고의 도구는 우리의 지식과 신앙서적, 감정과 음악이 아닙니다. 오직 성령님이 쓰신 성경말씀이며 어린아이와 같은 믿음입니다.

하나님의 말씀이 이해되어야 하나님을 찬양할 수 있고, 좋은 음악적인 분위기가 있어야 보좌에 계신 하나님의 임재를 느낄 수 있다고 생각하는 사람들이 있습니다. 인간의 지식과 감정이 만져져야 영적 세계가 열린다고 생각하면 영의 세계가 오히려 나의 작은 혼적인 지식과 내가 좋아하는 성향의 감정에 좌지우지될 위험이 있습니다. 오히려 우리의 이해력의 한계와 음악을 좋아하는 나의 성향이 초월적 임재를 가장 크게 방해할 수 있습니다.

말씀이 잘 이해되지 않고 훌륭한 음악이 없어도 괜찮습니다. 보이지 않는 실상인 말씀을 그저 어린아이와 같은 믿음으로 소리 내어 암송하고 선포할 때 하나님의 비밀인 그리스도 안에 뿌리를 박게 됩니다. 이해할 수 있는 지식이나 느낄 수 있는 백그라운드 음악에 의존하여 보좌로 나아가는 습관이 생기면, 이해되지 않거나 음악적인 분위기가 없을 때는 믿음이 흔들리게 되고 하나님의 임재 의식마저도 사라집니다.

오히려 지식적 이해나 느낄 수 있는 음악으로 인한 감정적인 분위기가 없는 상태에서 진리를 믿음으로 선포할 때 하나님이 그 말씀을 통해서 주시는 새로운 지식과 감정이 부어지게 됩니다. 우리의 지식과 감정은 하나님이 위로부터 주시는 신령한 기름부으심으로 훈련되어야 합니다. 믿음은 이해되지 않고 느껴지지 않는 보지 못하는 것들의 증거입니다.

  말씀을 살아내는 저수지인 성령충만은 말씀에 대한 이해의 충만, 지식의 충만이 아닙니다. 암송을 통해 그 말씀이 뇌 속의 뉴런에 기억되고 저장되는 말씀 그 자체로 채워지는 영의 충만인 것입니다. 이럴 때 우리가 더욱 그 말씀 안에 뿌리를 박게 되며 그 말씀이 우리 뇌 속에 뿌리를 내리게 되어 세움을 입어 그 뇌가 말씀을 살아내도록 혀와 몸에 명령을 하는 것입니다.

글자에 순종하는 위험

  바울은 율법 조문(글씨)은 죽이는 것이고 영은 살리는 것이라고 했습니다(고후 3:6). 사람들이 율법의 글자에 얽매이게 되면 계속해서 많은 규칙을 만들어냅니다. 바울은 에바브라를 통해 골로새 교회에 거짓 교사들의 가르침이 있다는 소식을 들었습니다. 바로 이 거짓 교사들의 가르침의 뿌리기 율법의 글자와 거기에서 파생된 많은 인간의 규례에 순종하는 것이었습니다.

  "너희가 세상의 초등학문에서 그리스도와 함께 죽었거든 어찌하여 세상에 사는 것과 같이 규례에 순종하느냐"(골 2:20).

  그것은 말씀을 살아내는 것 같지만 실제로는 죽은 율법조문의 글씨 속에 더 갇힌 모습입니다. 문자와 규례에 순종하는 나쁜 열매의 모습은 우선 종교적인 모습으로 나타납니다. 먹고 마시는 것, 절기,

월삭, 안식일 등에 관한 규례를 지키는 것, 거짓 겸손, 천사 숭배, 자의적 숭배와 같은 모습입니다(골 2:16-23). 바울은 그것을 철학과 헛된 속임수라고 하며 사람의 전통과 세상의 초등학문을 따르는 것이지 그리스도를 따르는 것이 아니라고 했습니다(골 2:8).

세상의 '초등학문'이라는 뜻의 원어는 'Elemental spiritual forces'로서 '기초적인 수준의 영적인 강요'입니다. 그리스도께서 자유케 하시려고 자유를 주셨는데 그들이 다시 율법이라는 종의 멍에를 짊어지게 하는 모습입니다(갈 5:1). 바울은 이 율법의 문자를 따르는 것에 대하여 철저히 경계하고 있습니다.

"그러므로 내 형제들아 너희도 그리스도의 몸으로 말미암아 율법에 대하여 죽임을 당하였으니 이는 다른 이 곧 죽은 자 가운데서 살아나신 이에게 가서 우리가 하나님을 위하여 열매를 맺게 하려 함이라…이제는 우리가 얽매였던 것에 대하여 죽었으므로 율법에서 벗어났으니 이러므로 우리가 영의 새로운 것으로 섬길 것이요 율법 조문의 묵은 것으로 아니할지니라"(롬 7:4,6).

바울은 그 율법의 문자가 우리를 거스르고 대적하는 것이었고 율법 조문에 쓴 증서를 그리스도께서 십자가에 못 박으셨다고 했습니다. 그리고 법조문에 쓴 증서로 우리를 속이는 사탄에 대하여서도 죽으심으로 승리하셨다고 하십니다(골 2:14,15). 그리고 우리가 그리스도와 함께 죽었고 살리심을 받아서 하늘의 하나님 안에 감추어져 있다고 말하면서 우리의 노력으로 얻을 수 없는 자리, 하늘 보좌를 인식시키면서 위의 것을 생각하고 땅의 것을 생각하지 말라고 강조했습니다(골 3:1-3).

이 율법의 글자를 육신으로 따르려는 것은 바로 복음에 대한 깨달음의 부족에서 오는 것입니다. 우리는 예수 그리스도와 함께 십자가에 못 박혀 죽었을 뿐 아니라 살아서 하늘 보좌에 앉혀졌으므로 그리스도 안에 있는 아버지의 모든 신성의 충만하심 속에 이미 우리도 충만해진 것입니다(골 2:9,10). 오직 그리스도 안에서만 완전한 자로 설 수 있습니다(골 1:28). 바울은 골로새 성도들을 향해 이런 복음의 진리를 들었고 그것을 믿는다면 사람들이 계속 만들어내는 규례와 규칙들에 속지 않게 될 것이라고 말합니다.

이 율법의 글자와 그것을 따르는 데서 파생되는 규례와 규칙들로부터 자유를 얻을 수 있는 길이 바로 그리스도의 말씀을 우리 속에 풍성히 거하도록 하는 것입니다(고후 3:6, 골 3:16). 그러면 주와 같은 형상으로 변화하여 영광으로 영광에 이르게 됩니다(고후 3:17,18). 그래서 그리스도를 보좌에서 닮은 만큼 이 땅으로 내려와 그리스도처럼 말씀을 살아내게 되는 것입니다. 우리가 애써 육체로 글자에 순종하려고 하며 그리스도를 닮으려고 노력할 필요가 없이 그저 보좌에서 주의 말씀을 암송하며 주의 영광을 바라보면 됩니다. 이것이 자유케 하는 율법, 생명의 성령의 법을 바라보는 것입니다. 인간이 만든 종교와 확실히 구별이 되는 놀라운 복음입니다.

주와 함께 영광 중에 나타나리라

우리는 십자가로 인해 두 개의 정체성을 갖고 있습니다. 즉 하나는 이상적인 정체성인데 '이미 하늘에 앉혀진 나'입니다. 또 하나의 현실적인 정체성이 바로 '땅에서 살아가고 있는 나'입니다. 이 땅에서 살아가는 나는 이미 이루어진 영의 구원과 앞으로 이루어질 육의 구원을 믿고 매일매일 마음을 지켜서 온전한 기쁨과 평강을 누리며 혼의 구원을 이루어야 합니다.

그러기 위해서는 먼저 그리스도 안에서 행해야 합니다(골 2:6). 그리스도 안에서 행한다는 것은 무엇일까요? 이 땅에서의 삶은 하늘에서의 삶의 결과입니다. 우리는 그리스도 안에서 창조 이전에 하늘 기쁨의 동산에 앉혀진 존재입니다. 그러므로 우리는 매일 새 날을 맞이할 때 이 땅의 삶을 위해 천지 창조 이전에 하나님 속에 창설된 기쁨의 동산에서 먼저 걸어야 합니다.

매일 하루일과를 시작하기 전에 성경암송 보좌의 기도를 통해 하나님 속에 창설된 기쁨의 동산에서 많이 걸은 만큼 그것이 이 땅에 그대로 나타나게 됩니다. 왜냐하면 성경이 바로 하늘에 창조된 기쁨의 동산을 걷는 방식의 삶을 말해주는 것이며 그 성경을 삶이 되도록 하는 분이 우리 안에 계신 성령님이기 때문입니다.

그 믿음으로 살아갈 때 날마다 마음이 지켜지며 온전한 기쁨과 평강을 누리게 되어 혼적 구원을 얻습니다. 혼의 구원을 이루며 복음에 합당한 생활을 하는 가운데 우리 주 예수 그리스도께서 영광 중에 공중으로 나타나실 때 하늘 보좌에 앉혀졌던 내가 주와 함께 나타날 것입니다. 그리고 이 땅에서 평강과 기쁨 가운데 구원을 이루어가던 혼과 몸이 썩지 아니할 주님과 같은 몸으로 변화되며 영광 중에 나타나는 그리스도와 함께 연합됩니다. 그렇게 영과 혼과 몸이 흠 없이 보전되어 주님과 온전한 연합 안에 들어가 공중에서 혼인 잔치를 하게 됩니다.

"우리 생명이신 그리스도께서 나타나실 그때에 너희도 그와 함께 영광 중에 나타나리라"(골 3:4).

하나님 아버지는 한 사람이라도 더 구원받기를 원하십니다. 진정으로 신랑의 잔치를 기다리는 신부는 바로 이 아버지의 마음으로 기도할 뿐만 아니라 관계 속에서든지 거리에서든지 때를 얻든지 못 얻든지 아들의 죽으심과 부활과 혼인 잔치를 알리며 말씀을 살아내는 것입니다.

chapter 4

전도의 영성

전도의 영성 ::
기도의 영성에서
전도의 영성으로

    기도와 전도는 완전 하나입니다. 온전한 복음 안에 있는 자는 기도하며 전도합니다. 그것은 온전한 복음을 만난 자에게 나타나는 자연스런 현상입니다. 보좌의 주님 앞에서 주의 뜻(말씀)을 선포하는 것이 기도이며, 모든 피조물에게 주의 뜻(말씀)을 선포하는 것이 전도입니다. 그리스도의 말씀이 풍성히 거하도록 소리 내어 암송으로 기도하는 자는 속에 꽉 차고 입술에 훈련된 것이 그리스도의 말씀이므로 자연스럽게 전도자로 살게 됩니다. 말씀을 소리 내지 않고 침묵으로만 기도하거나 하나님의 말씀이 아닌 자기 생각으로 기도한 자는 전도자로 사는 게 쉽지 않습니다.

아들의 혼인 잔치에 초청하라

예수님은 천국을 자기 아들을 위해 혼인 잔치를 베푼 어떤 왕에 비유했습니다. 종들은 왕의 명령에 따라 왕의 아들의 혼인 잔치를 알리며 사람들을 초대했습니다. 그러나 그들은 밭으로 또는 자기 사업하러 가느라 혼인 잔치 자리에 가지 않고 심지어는 그 종을 죽이기까지 했습니다. 그러자 왕은 종들을 다시 거리로 보내어 선한 자나 악한 자나 만나는 대로 모두 데려와서 잔치 자리를 채우게 했습니다(마 22:1-10).

혼인 잔치는 예수님의 재림과 관련이 있는 표현입니다. 예수께서 신랑으로 다시 오실 때 들림 받을 교회는 신부로서 예수님과 함께 혼인 잔치를 하게 됩니다. 하나님 아버지는 아들 예수 그리스도와 교회의 혼인 잔치에 사람들을 초청하기를 원하십니다. 교회인 신부는 신랑 되신 예수님의 십자가와 부활 그리고 재림에 대해 외치며 하나님의 나라에 초청해야 합니다. 그것이 전도의 본질입니다.

종들이 아들의 혼인 잔치에 초대를 했는데 사람들이 밭과 소 때문에 그리고 본인이 장가들어야 해서 초청을 거절합니다. 이것은 주변에 아는 사람들에게 초청장을 돌린 듯한 인상을 갖게 합니다. 즉, 관계전도인 것입니다. 주변 사람들이 초청에 응하지 않는 이유는 크게 둘로 나눠집니다. 첫째는 밭이나 소와 같은 물질 때문입니다. 하나님보다 물질을 더 사랑하는 마음이 문제입니다. 둘째는 하나님보다 더 중요하게 생각하는 인간관계 때문입니다. 두 경우 다 자아가 주인 된 모습의 결과입니다.

결국 관계전도로는 잔치 자리가 차지 않게 되자 왕은 종들을 거리로 보냅니다. 이것이 바로 거리 전도 속에 종말론적 의미가 있다는 뜻입니다. 마태복음 22장의 이 본문과 같은 내용의 병행본문은 누가복음 14장인데 21절에 "빨리 시내의 거리와 골목으로 나가서 가난한 자들과 몸 불편한 자들과 맹인들과 저는 자들을 데려오라"고 했습니다. 그러자 종이 주인이 시킨 대로 했지만 아직도 자리가 비어있다고 보고했습니다. 그러자 주인이 두 번째로 보내면서 "길과 산울타리 가로 나가서 사람을 강권하여 데려다가 내 집을 채우라"(눅 14:23)고 했습니다.

이 두 구절에서 중요한 두 단어 '빨리', '강권하여'가 바로 거리 전도가 종말론적 의미를 지니고 있다는 열쇠입니다. 앞에서 말한 바와 같이 예수님이 비유로 주신 '혼인 잔치'는 명백히 예수님의 재림을 말합니다. 재림, 즉 심판의 때가 다가오는 중에 우리는 주변 관계 속에서 최대한 예수님의 십자가와 부활, 그리고 혼인 잔치인 재림에 대한 초청장을 전하듯이 예수님을 전해야 합니다. 그런데 관계 속에서 사람들은 하나님보다 더 중요하게 여기는 돈이나 관계로 인하여 초청장을 거절하게 되어 잔치 자리, 즉 하나님께서 택하신 자들의 자리가 비게 됩니다.

그런데 아들의 혼인 잔치의 때, 즉 재림의 때는 점점 다가오고 있는데 빈 자리를 어떻게 해야 하겠습니까? 길이나 산으로 나가서 '빨리 강권하여' 하나님의 집에 그 숫자를 채워야 하는 것입니다. 이런 의미에서 거리 전도는 하나님의 급한 메시지인 '주의 날, 심판의 때'를 알리는 나팔의 역할을 하는 것이며 주께서 예비한 영혼을 대추수하여 곳간 안에 들여놓는 역할인 것입니다.

이와 같이 기도의 영성은 전도(선포, 외침)의 영성으로 연결되어야 합니다. 신랑을 기다리는 신부의 영성이 골방에만 머물러서는 안 됩니다. 골방을 벗어나 관계 속에서 전도하고 거리에서 전도하며 열방을 향해 나아가 나팔을 불어야 합니다.

"예수님이 곧 다시 오십니다. 회개하고 예수님을 구주로 믿어 하나님나라로 들어오셔서 잔치에 참여하십시오."

하나님 아버지는 한 사람이라도 더 구원받기를 원하십니다. 진정으로 신랑의 잔치를 기다리는 신부는 바로 이 아버지의 마음으로 기도할 뿐만 아니라 관계 속에서든지 거리에서든지 때를 얻든지 못 얻든지 아들의 죽으심과 부활과 혼인 잔치를 알리며 말씀을 살아내는 것입니다.

사도들의 복음 전파

오순절 날 성령 세례가 임하자 베드로는 벌떡 일어나서 담대히 외쳤습니다.

"너희가 회개하여 각각 예수 그리스도의 이름으로 세례를 받고 죄 사함을 받으라 그리하면 성령의 선물을 받으리니"(행 2:38).

성령충만한 베드로와 요한은 성전 미문에 앉아 있는 앉은뱅이에게 예수 그리스도의 이름으로 치유를 선포했습니다. 또한 대제사장들과 서기관들과 장로들이 베드로에게 무슨 권세로 이런 일을 하는가 묻자 베드로는 성령이 충만하여 천하 인간에게 구원을 받을 만한 다른 이름을 주신 일이 없다고 하며 예수 그리스도의 이름을 담대히 선포했습니다. 사도들이 모여서 빌기를 다할 때 모인 곳이 진동하고 무리가 다 성령이 충만하여 담대히 하나님의 말씀을 전하게 되었고 사도들은 큰 권능으로 주 예수의 부활을 증언하여 큰 무리가 하나님의 은혜를 받게 됩니다(행 4:29-33).

사도들은 담대히 하나님의 말씀을 전하는 것이 소원이었습니다. 성령으로 충만해지면 담대히 하나님의 말씀을 전파했고 예수 이름으로 인하여 능욕 받기를 기뻐했으며 어디에서든 전도하기를 쉬지 않았습니다. 그리고 예수 그리스도의 죽으심과 부활을 증거하는 증인으로서 자기를 부인하는 순종의 삶이 마땅하다고 여겼습니다(행 5:29-42).

바울은 다메섹으로 가던 중 하늘 보좌에 계신 예수님의 음성을 듣고 아나니아에게 안수를 받고 나서 눈에 비늘이 벗겨지며 성령으로 충만하여 즉시로 예수가 하나님의 아들임을 각 회당에서 전파했습니다.

"내가 복음을 전할지라도 자랑할 것이 없음은 내가 부득불 할 일임이라 만일 복음을 전하지 아니하면 내게 화가 있을 것이로다"(고전 9:16).

에베소 교회 성도들에게는 하나님의 전신갑주를 입으라고 하면서 복음 전파를 위한 중보기도를 부탁했습니다.

"또 나를 위하여 구할 것은 내게 말씀을 주사 나로 입을 열어 복음의 비밀을 담대히 알리게 하옵소서 할 것이니 이 일을 위하여 내가 쇠사슬에 매인 사신이 된 것은 나로 이 일에 당연히 할 말을 담대히 하게 하려 하심이라"(엡 6:19,20).

그는 예수 그리스도를 생명의 주로 만나자마자 그때로부터 황제 앞에 이르기까지 모든 상황 속에서 오직 예수 그리스도가 하나님의 아들이심과 그가 우리를 위해 죽으시고 부활하셨음을 계속 선포했습니다. 그는 온 세상을 소요케 하는 자였습니다(행 24:5).

그는 유익한 것은 무엇이든지 공중 앞에서나 각 집에서나 거리낌 없이 전하여 가르쳤고 유대인이든지 헬라인이든지 하나님께 대한 회개와 주 예수 그리스도께 대한 믿음을 증거했습니다. 그리고 자신의 사명 곧 하나님의 은혜의 복음을 증거하는 일을 위해 자기 생명을 조금도 귀한 것으로 여기지 않았습니다(행 20:18-24). 그의 자랑은 오직 예수 그리스도의 십자가였습니다.

"그러나 내게는 우리 주 예수 그리스도의 십자가 외에 결코 자랑할 것이 없으니 그리스도로 말미암아 세상이 나를 대하여 십자가에 못 박히고 내가 또한 세상을 대하여 그러하니라"(갈 6:14).

그는 심지어 자신의 동족들의 구원을 간절히 소원하면서 자신의 생명이 그리스도에서 끊어질지라도 동족들의 구원을 원한다고 담대히 말했습니다(롬 9:1-3). 바울은 심판하실 그리스도 예수 앞에서 그의 나타나실 것과 그의 나라를 두고 엄하게 디모데에게 '때를 얻든지 못 얻든지 복음을 전하라'고 했습니다(딤후 4:1,2).

신랑이 오시는 마지막 때일수록 바른 교훈을 받지 않는 모습이 나타납니다. 자기의 욕심을 채워줄 가르침을 많이 따라가게 됩니다. 바울은 디모데에게 그것을 경계하라고 하며 전도인의 직무를 다하라고 강하게 권면합니다(딤후 4:3-5). 전파되지 않는 복음은 복음이 아닙니다. 나를 살리신 복음이 진정한 복음이라면 다른 사람도 살리기를 원하는 하나님의 마음을 알 것입니다.

전도는 신부의 기본 임무

"우리가 다른 가까운 마을들로 가자 거기서도 전도하리니 내가 이를 위하여 왔노라"(막 1:38).

인자는 하늘 영광의 보좌를 버리고 자기를 부인하여 이 땅에 오신 하나님입니다. 그 인자가 이 땅에 오신 목적이 전도라고 스스로 말씀하셨습니다. 여기 사용된 '전도'의 헬라어 단어는 '케륏소'입니다. 그것은 '선포하다(proclaim), 전파하다, 널리 퍼뜨리다, 가르치다, 설교하다(preach)'라는 뜻입니다. 그리고 예수님은 "나를 믿는 자는 내가 하는 일을 그도 할 것이요"(요 14:12)라고 말씀하셨습니다. 우리는 신랑 되신 예수님을 기다리는 신부로 준비되며 예수님이 하신 것처럼 하나님나라를 그대로 선포하면 됩니다.

예수님이 사용하신 전도라는 단어의 어원을 볼 때 하나님나라를 선포하는 것 자체가 전도임을 알 수 있습니다. 즉, 하나님나라를 이 땅에 가져오신 예수님의 이름을 귀에 들려주었다면 완벽하게 전도에 성공한 것입니다. 그래서 전도에는 실패가 없습니다.

어떤 사역자가 자기 교회 성도 수를 늘리기 위해 성도들에게 "빨리 나가서 전도해오세요"라고 했습니다. 전도와 인도는 의미가 완전히 다릅니다. 예배당에 사람들을 데려오는 '인도'라는 차원에서 전도라는 단어를 사용했기 때문에 전도에 대한 오해가 생겼습니다.

교회로 인도하거나 현장에서 예수님을 영접시키는 것이 쉬운 일은 아닙니다. 그것이 전도라고 잘못 간주하고 있기 때문에 전도가 어려운 것으로 인식되었습니다. 주께서는 복음을 선포하는 것 자체가 전도라고 했습니다. 구원을 체험한 자들이 구원을 선포하는 것은 쉽습니다. 뿌리는 것이 모든 성도의 가장 기본 임무요 특권입니다. 거두시는 분은 하나님이십니다.

"뿌리는 자와 거두는 자가 함께 즐거워하게 하려 함이라"(요 4:36).

전도할 때 거절과 핍박당하는 아픔 때문에 전도를 포기하기도 합니다. 그러나 주님은 거절당하거나 욕을 먹어도 기뻐하라고 하십니다. 왜냐하면 그들이 거부한 평강의 복이 전도자에게 되돌아오기 때문이며 핍박을 받으면 하늘의 상이 더 크기 때문입니다. 만약 거절하거나 핍박한다는 이유 때문에 전도를 멈춘다면 그것은 주님을 신뢰하지 않는 것입니다.

"또 그 집에 들어가면서 평안하기를 빌라 그 집이 이에 합당하면 너희 빈 평안이 거기 임할 것이요 만일 합당하지 아니하면 그 평안이 너희에게 돌아올 것이니라"(마 10:12,13).

"나로 말미암아 너희를 욕하고 박해하고 거짓으로 너희를 거슬러 모든 악한 말을 할 때에는 너희에게 복이 있나니 기뻐하고 즐거워하라 하늘에서 너희의 상이 큼이라 너희 전에 있던 선지자들도 이같이 박해하였느니라"(마 5:11,12).

사람을 예배당에 앉히는 것이 전도라는 생각과 거절이나 박해를 당한 경험을 통해 전도를 어려운 것으로 인식하는 것이 신랑 되신 예수님을 맞이하는 신부의 단장에 적잖은 영향을 미칩니다. 오늘도 잃어버린 한 영혼을 찾아나서는 신랑의 마음도 잘 경험하지 못한 채

마냥 실내에서 예배하고 중보하며 친밀감만을 유지하는 사역으로 치우칠 위험이 있습니다.

또한 전도가 쉽다는 것을 믿고 전도하게 되면 신부의 삶 속에 여러 가지 긍정적인 효과가 나타납니다. 선포하는 능력의 이름 '예수'는 전하는 자의 삶에 먼저 능력으로 역사합니다. 전도의 삶을 통해 전도자의 삶 전체를 주께서 만지는 것을 체험합니다. 즉, 남을 살리기 이전에 내가 먼저 살아나는 것을 경험합니다. 또한 야전에서 복음을 계속 전하기 때문에 기본적으로 신부 속에 있는 야성적 DNA가 계속 살아나는 것을 경험합니다.

세상 속에서 '십자가에 못 박힌 예수가 하나님이시다'라고 말하는 전도의 삶은 자기 부인의 삶입니다. 그래서 전도할 때 세상이 줄 수 없는 평강을 누리며 주님과 깊은 관계로 나아가게 됩니다.

"우리는 십자가에 못 박힌 그리스도를 전하니 유대인에게는 거리끼는 것이요 이방인에게는 미련한 것이로되 오직 부르심을 받은 자들에게는 유대인이나 헬라인이나 그리스도는 하나님의 능력이요 하나님의 지혜니라"(고전 1:23,24).

뉴욕 맨해튼 거리에서 돈과 명예가 있어 보이는 서양인에게 복음을 전하고, 유대인에게 "십자가에 못 박힌 예수가 바로 너희가 기다리던 메시아다"라고 말하면 그들은 과격한 반응을 보입니다. 사람들은 저를 조롱하고 멸시하며 미련한 자로 취급합니다. 세상이 저를

미친 자로 부정할 때 저는 십자가의 고난에 동참하며, 십자가에 못 박힘으로써 자기 부인을 경험합니다.

사마리아 여인이 우물가에서 예수님을 만나 대화하고 나서 그가 바로 유대인들이 기다리던 메시아임을 알았습니다. 그러자 여인은 물동이를 버려두고 동네 사람들에게 가서 "내가 행한 모든 일을 내게 말한 사람을 와서 보라 이는 그리스도가 아니냐"라고 외쳤습니다. 그러자 동네 사람들이 예수께로 나왔습니다(요 4:28-30).

신랑 되신 예수님이 오시는 소식을 가장 기뻐할 자는 신부입니다. 신부는 그 기쁜 소식을 혼자만 알고 누릴 수 없습니다. 정결한 신부는 날마다 자기를 부인하며 자기 십자가를 지고 가며 오직 그리스도께서 오시기만을 기다리며 신랑의 오심을 선포하는 자입니다.

말 없이 삶으로만 전도해도 되는가

그리스도인은 자기를 주장하는 세상 속에서 자신을 부인하며 하나님나라의 삶을 보여주어야 합니다. 그러나 삶으로 그리스도가 전해질 수 없습니다. 결정적으로 우리가 세상과 달라야 하는 점이 있습니다. 그것은 세상 앞에서 "예수는 창조주 하나님이시고 구원자이시며 우리 삶의 주인이시다"라고 말합니다. 동시에 말과 행동으로 하나님나라를 전해야 합니다.

저는 전도하면서 수많은 이단을 만났습니다. 그중에서도 특히 여호와의 증인 또는 몰몬교에 속한 사람들과 많은 대화를 나눴습니다. 저는 그들에게 "어떻게 여호와의 증인이 되셨습니까?"라고 물었습니다. 그들 중 대부분이 이런 식으로 대답합니다.

"처음에는 장로교인이었습니다. 그런데 교회에서 싸우는 모습을 보고 실망해서 교회를 나왔습니다. 그러다가 주변에 사랑이 넘치는 선한 사람들을 만나게 되었는데 그들을 따라가보니 여호와의 증인이었습니다."

이단이나 다른 종교도 자신을 비우고 다른 사람을 더 존귀히 여기며 배려하고 사랑을 베푸는 훌륭한 모습을 강조하고 실제로 그런 모습을 보입니다. 삶의 겉모습이 전도의 핵심 도구라면 정통 기독교와 이단이나 다른 종교와의 차이점이 무엇이겠습니까?

전도의 본질은 삶의 겉모습이 아니라 "예수가 하나님이시며 구주시다"라는 우리 신앙만이 간직하고 있는 유일성을 입술로 선포하는 것입니다. 여호와의 증인, 몰몬교, 유대교, 이슬람, 불교, 힌두교, 무신론 등 이 세상의 어떤 사상이나 종교도 예수님만이 참 하나님이시요 구주시라는 고백을 하지 않습니다. 오직 우리만이 그 고백을 할 수 있습니다.

"예수만이 참 하나님이시요, 구세주요, 주님이십니다."

이 고백을 하는 것은 놀라운 특권이요, 책임입니다. 예수님을 구주로 만나서 영광스러운 하나님나라의 삶을 사는 사람이라면 자연스럽게 "예수님이 구주이십니다. 믿으십시오"라는 선포를 하게 됩니다.

우리는 예수 그리스도께서 이끄시는 복음에 합당한 생활을 해야 합니다. 그것은 그리스도인으로서 당연히 해야 할 본분입니다. 그러나 겉모습만으로는 그에게 참된 진리가 있는지 분별할 수가 없습니다. 우리의 삶의 영향력이 전도의 핵심은 아닙니다. 선한 모습은 얼마든지 다른 종교에서도 찾아볼 수 있습니다. 우리의 선한 영향력보다 더 중요한 것이 있습니다. 그것은 어떤 철학과 사상도 흉내 낼 수 없는 "예수가 하나님이시요, 구주시다"라는 사실입니다.

예 식 장   영 성

신랑 되신 예수 그리스도께서 다시 오실 때가 매우 가까이 다가왔습니다. 이러한 때에 정결한 신부의 모습으로 단장하며 열방과 이스라엘의 구원을 위해 기도해야 합니다. 정결한 신부의 모습이 무엇일까요? 정결한 신부는 건물 안에서 오직 주의 얼굴만을 구하며 친밀함 가운데 머물며 중보기도만 하고 있는 자가 아닙니다. 신부의 영성이 '예식장 영성'으로 전락해서는 안됩니다.

진정한 신부는 신랑의 뜻을 압니다. 신랑 되신 예수께서 다시 오실 때가 심히 가까이 다가온 것을 아는 신부는 한 영혼이라도 더 주님 품으로 인도하기 위해 복음을 부끄러워하지 않고 세상에 나가 복음을 전합니다. 이제 자기의 심판의 때가 가까이 오고 있는 것을 아는 마귀는 지금 한 영혼이라도 더 지옥으로 끌고 가려고 발버둥치고 있습니다. 신부인 우리는 그 지옥의 입구까지라도 가서 한 영혼이라도 더 건져내야 한다는 사명감으로 때를 얻든지 못 얻든지 복음을 전해야 합니다. 그것이 심판에서 건짐 받은 신부가 지옥을 향해 전속력으로 달려가는 자들에게 보여줘야 할 아버지의 마음이요, 신랑의 마음입니다.

구원을 체험하고 주님 오심을 애타게 기다리는 사람은 예배당이나 집회 장소나 기도의 집에서 주의 얼굴을 구하며 그 친밀감 속에서 열방을 위하여 기도합니다. 마지막 때에 이런 귀한 중보자들과 예배자들을 통해 하나님이 선교를 마무리하실 것이 분명합니다. 하지만 모든 예배자들과 중보자들의 영 속에 기본적으로 전도자로서의 DNA가 있음을 반드시 인식해야 합니다.

전도하러 오신 예수 그리스도께서 우리들 영 안에 연합하여 계십니다. 예수께서 성령은 증거의 영이라고 하셨고, 성령이 임하시면 권능을 받아서 증인이 된다고 하셨습니다. 다시 한 번 다음 말씀을 깊이 생각해보십시오. 당신 안에 있는 전도의 DNA가 꿈틀거릴 것을 믿습니다.

"이르시되 우리가 다른 가까운 마을들로 가자 거기서도 전도하리니 내가 이를 위하여 왔노라 하시고"(막 1:38).

"내가 아버지께로부터 너희에게 보낼 보혜사 곧 아버지께로부터 나오시는 진리의 성령이 오실 때에 그가 나를 증언하실 것이요 너희도 처음부터 나와 함께 있었으므로 증언하느니라"(요 15:26,27).

본문을 충실히 번역하면 "증언하느니라"는 말은 "증거해야 하느니라"이다.

"오직 성령이 너희에게 임하시면 너희가 권능을 받고 예루살렘과 온 유대와 사마리아와 땅 끝까지 이르러 내 증인이 되리라 하시니라"(행 1:8).

성령의 세례를 받은 자녀는 기본적으로 하나님의 권능을 소유하고 있습니다. 그 권능을 하나님이 주신 이유가 있습니다. 증인된 삶을 살라는 것입니다. 증인으로서의 삶이 풀어져야 할 장소가 어디겠습니까? 건물 안이겠습니까, 아니면 세상이겠습니까? 두 장소 다입니다. 중보자들과 예배자들도 공간적으로 세상에 속해 있어서 오고 가며 세상 사람들을 만나게 됩니다. 실내뿐 아니라 세상 속에서의 증인의 모습을 회복해야 합니다. 베드로는 하나님이 우리를 구원하셔서 제사장(예배자와 중보자)으로 삼으신 이유는 우리가 세상에서 하나님의 아름다운 덕을 선포하도록 하기 위함이라고 말했습니다(벧전 2:9).

기도(예배) 없이는 안 됩니다. 그러나 기도(예배)만 하고 있으면 안 됩니다. 교회의 기본 성격이 야성입니다(엡 6장). 교회는 건물 안에만 국한된 개념이 아닙니다. 기도가 모든 성도들의 특권이자 의무이듯이 전도 또한 그렇습니다. 성령 받은 자에게 기본적으로 주어진 권능은 바로 말씀을 살아내는 증인 된 삶을 위한 것임을 잊지 말아야 합니다.

많은 사람들이 수많은 집회 현장에서 성령의 기름부으심을 사모하며 "하늘의 문을 여소서"라고 찬양하며 열방과 이스라엘을 위해 중보기도합니다. 그러나 집회 현장을 떠나 집으로 향하는 이들의 발걸음 속에서 증인 된 삶의 모습을 찾기는 힘듭니다. 균형을 잃은 신앙의 모습입니다.

집회 현장에서 구하고 체험했던 성령님이 예수 그리스도를 증거하는 영임을 놓친 것입니다. 그토록 신부들이 기다리는 신랑 되신 예수께서 전도하기 위해 오신 분임을 놓칩니다. 초대교회의 순교자들이 모두 담대히 복음을 증거하다가 영광스런 순교를 당한 것을 놓치고 있습니다. 베드로의 말처럼 예배자가 예배에서 돌아서면 하나님의 아름다운 덕을 선전하는 전도자임을 놓치는 것입니다.

야성을 회복해야 할 교회

터키 갑바도기아에 가면 성도들이 박해를 피해서 거대한 지하도시를 건설한 현장을 목격할 수 있습니다. 그들이 신앙의 정결을 지키기 위해 놀라운 지하도시를 건설했습니다. 그들의 숭고한 신앙을 본받아야 합니다. 하지만 잊혀져가는 교회의 참 모습 중 하나는 죽음을 각오한 야성적인 증거자로서의 모습입니다. 당시에 많은 성도들이 박해를 피해 지하도시로 들어가는 상황 속에서도 오히려 세상에 나가 복음을 전하며 순교한 이들도 있었습니다. 그러나 세월이 지나 신앙의 자유가 주어지면서 그들은 세상 밖으로 나오게 되었는데 그때부터 교회는 아주 빠른 속도로 세속에 물들었습니다.

교회의 순결성은 건물 안에서 지켜지는 게 아닙니다. 교회의 순결성은 성령의 권능으로 세상 속으로 담대히 나아가 죽음도 불사하는 야성적 순교의 영성으로 유지됩니다. 야성이 회복된 자들이 기도로 헌신하면 더 강력한 중보자가 될 것입니다.

바울은 교회론을 다루는 에베소서의 전체 구조를 통해 재림 예수님을 예비하는 교회가 야성을 가져야 할 것이라는 깨달음을 줍니다. 바울은 결론장인 6장 10절에서 '끝으로'라고 표현하며 에베소서의 결론을 내립니다. 그것은 그리스도와 연합의 진리 안에서 친밀함과 성령충만함에 머무는 것이 아니라, 그리스도께서 마귀의 권세와 싸워 이미 이기신 승리를 누리라는 것입니다. 그리스도는 음부의 권세가 이기지 못하는 것이 교회라고 하셨습니다. 즉, 교회는 전투적인 교회이며 이기는 교회입니다. 우리의 싸움이 사람들과의 싸움이 아니라 바로 마귀 권세와의 싸움이라고 합니다. 그러기 위해서는 하나님의 전신갑주를 입어야 한다고 강조합니다. 성령의 검, 곧 하나님의 말씀을 가졌으면 그 말씀을 살아내며 선포함으로써 승리하는 삶을 쟁취해야 합니다.

마지막 때 신랑 되신 예수님이 바라시는 신부는 시와 찬미와 신령한 노래만 부르며 예식장 안에서 웨딩드레스 입고 있는 모습만이 아니라, 하나님의 전신갑주를 입고 세상으로 나가는 신부임을 강조합니다. 그러면서 바울은 십자가의 전신갑주로 무장된 신부의 기본적인 특권과 의무는 기도와 전도임을 강조하며 끝맺습니다(엡 6:18-20).

하나님의 전신갑주의 핵심은 바로 십자가의 도(道)입니다. 진리의 허리 띠, 의의 호심경, 평안의 복음의 신, 믿음의 방패, 구원의 투구 그리고 성령의 검 곧 하나님의 말씀이 하나님의 전신갑주입니다. 진리의 중심은 십자가입니다. 의가 이루어진 곳도 십자가입니다. 평안의 복음의 핵심과 믿음의 근거도 십자가에 있습니다.

구원이 이루어진 곳이 십자가입니다. 하나님의 말씀 중의 말씀이 바로 십자가의 말씀(도)입니다. 마귀가 실패한 곳이 십자가이기 때문에 십자가로 무장하여 기도하고 세상으로 나가면 마귀의 권세를 깨뜨릴 수 있습니다. 무장된 십자가의 말씀을 가지고 기도하며 세상에 나아가 담대히 외칠 때 마귀의 권세가 무너집니다.

전도는 특별한 은사가 아니다

"전도는 특별한 은사이기 때문에 모든 성도들이 다 복음전파자로 부름을 받은 것은 아니다"라고 주장하는 사람들이 있습니다. 이 주장이 바로 성도들로 하여금 전도를 하지 않도록 만드는 중요한 요인입니다. 그런데 말씀을 통전적으로 잘 살펴보면 복음전파는 모든 믿는 자들의 특권이요, 기본 의무임을 쉽게 알 수 있습니다.

예수님은 성령이 임하면 권능을 받고 모두 증인이 된다고 하셨습니다(행 1:8). 이 땅에 전도하러 오신 예수님이(막 1:38) 모든 믿는 자 안에 연합되셨습니다(갈 2:20). 예수님을 믿는 자는 예수님이 하신 일을 그대로 하게 됩니다(요 14:12). 또한 우리 안에 계신 성령님이 바로 증거의 영이십니다(요 15:26,27). 이 말씀을 그대로 믿는다면 모든 사람이 복음전파자로 부름 받았다는 사실을 부인할 수 없을 것입니다.

전쟁을 위해 모든 군인들은 주특기를 따로 배정받습니다. 주특기에는 기본적으로 보병, 포병, 공병, 기갑, 통신, 정보 등이 있습니다. 전쟁을 위한 임무와 보직은 각자 다릅니다. 그러나 모든 군인에게 기본적으로 지급되는 것이 있습니다. 바로 개인화기(총)입니다. 이등병에서부터 장군에게 이르기까지 모든 군인은 개인화기(총)를 지급받습니다.

전쟁이 나면 모든 군인은 자신의 병과와 주특기에 집중합니다. 하지만 언제든지 모든 군인은 적군과 맞닥뜨리게 될 때 총을 쏘게 됩니다. 그런데 어떤 사병은 보통 개인화기보다 더 화력이 우수한 특수한 총을 지급받기도 합니다. 예를 들면 기관총 같은 것입니다. 기관총을 지급받은 군인은 따로 또 보통 개인화기를 휴대하지 않습니다. 기관총이 그의 개인화기인 셈이며 병사의 주특기인 것입니다.

이것을 교회의 영적전쟁에 적용할 수 있습니다. 바울은 에베소서 6장에서 교회 성도들이 하나님의 전신갑주를 입은 그리스도의 군사며, 그리스도인의 삶은 항상 영적전쟁 중이라고 합니다. 그는 자신의 서신서에서 동역자들을 소개할 때 여러 번 "함께 군사 된 자"라고 표현합니다(빌 2:25). 분명히 우리는 예수님의 군대인 것입니다.

교회에서 모든 성도에게 각각 서로 다른 은사가 주어집니다. 사도, 선지자, 복음전파자, 교사, 목사, 능력 행하는 자, 병 고치는 자, 돕는 자, 각종 방언을 말하는 자… 그것이 바로 영적인 주특기에 해당합니다. 그러나 모든 군인들이 개인화기인 총을 지급받듯이, 각각의 영적인 주특기(은사)는 다르게 주어진다 하더라도 모든 성도에게 기본적으로 주어지는 임무가 바로 믿지 않는 자에게 복음을 전하는 것입니다. 군인으로서 적을 향해 총을 쏘는 것이 기본 임무이듯이, 영적 군사인 우리가 믿지 않는 자에게 예수님의 이름을 선포하면, 그 영혼의 배후에 있는 악한 영을 향해서는 예수 이름으로 총을 쏘는 것과 같은 공격의 효과가 있습니다.

복음 전하는 은사자가 따로 있고 주장하는 사람들이 제시하는 성경이 에베소서 말씀입니다.

"어떤 사람은 사도로, 어떤 사람은 선지자로, 어떤 사람은 복음

전하는 자로, 어떤 사람은 목사와 교사로 삼으셨으니"(엡 4:11).

그러나 이 말씀은 그것은 보통 개인화기보다 더 크고 특수한 기관총을 지급받은 군사가 있는 것처럼, 복음을 전파하는 일에 집중하는 사명자로 부름 받은 경우를 말하는 것입니다. 모든 군사가 지급받은 개인화기로 적을 향해 총을 쏘아야 하는 것처럼, 모든 성도는 세상 사람에게 복음을 전하면서 배후의 세력인 영적인 적들을 파쇄할 수 있는 기본적인 권능을 가지고 있음을 기억해야 합니다.

"오직 성령이 너희에게 임하시면 너희가 권능을 받고 예루살렘과 온 유대와 사마리아와 땅 끝까지 이르러 내 증인이 되리라 하시니라"(행 1:8).

전도는 순교다

전도는 순교입니다. 왜냐하면 전도는 예수님의 죽으심을 전하는 것인데 그 죽으심을 전할 때 내가 십자가에 함께 또 못 박히기 때문입니다. 실제로 전도 현장에서 사람들은 전도자를 무시합니다. 마음이 완악한 사람은 예수님을 십자가에 못 박았듯이 전도자를 박해합니다. 그때 전도자들은 그리스도의 남은 고난을 몸 된 교회를 위해 자기 육체에 채우게 됩니다.

"나는 이제 너희를 위하여 받는 괴로움을 기뻐하고 그리스도의 남은 고난을 그의 몸 된 교회를 위하여 내 육체에 채우노라"(골 1:24).

바울은 전도자로 살아가면서 "나는 날마다 죽노라"(고전 15:31)라고 고백했습니다. 그리고 그에게 유익했던 모든 것을 그리스도를 위해 다 배설물로 여겼습니다. 오직 자랑할 것은 십자가밖에 없다고 했습니다(갈 6:14, 빌 3:7,8).

많은 사람이 마지막 때에 세계 정부가 돈에게 절을 하도록 만드는데 그 정책에 따르지 않는 크리스천은 매매하지 못하게 되고 나중에는 박해받아 죽게 된다고 하면서 순교를 준비하라고 말합니다. 그런데 미래의 순교 준비는 지금 해야 합니다. 바로 오늘 전도하는 것입니다. 지금 전도함으로 세상으로부터 미움을 받고 거절을 받으며 기꺼이 그리스도의 남은 고난을 육체에 채우는 것입니다. 바울은 감옥에서 골로새 교회를 향해 이렇게 말했습니다.

"나 바울은 이 복음의 일꾼이 되었노라 나는 이제 너희를 위하여 받는 괴로움을 기뻐하고 그리스도의 남은 고난을 그의 몸된 교회를 위하여 내 육체에 채우노라"(골 1:23,24).

성령께서 각 성에서 결박과 환난이 기다린다고 바울에게 귀띔해주셨지만, 바울은 달려갈 길과 주 예수께 받은 사명 곧 하나님의 은혜의 복음을 증언하는 일을 마치려 함에는 자신의 생명조차 조금도 귀한 것으로 여기지 않겠다고 순교의 고백을 했습니다(행 20:24).

교회의 진정한 자기 부인의 영성은 복음을 위한 순교적 영성입니다. 영광스런 복음을 받은 모든 자들이 곧 다가올 주님의 잔치를 알리기 위해 주위 사람들에게 전하고, 거리와 열방으로 나아가 담대히 외쳐야 합니다.

"2천 년 전에 저주받은 십자가에 죽은 그 청년 예수가 바로 당신의 하나님이시고 구주시다"라고 외칠 때 세상은 우리를 이상한 사람 취급합니다. 결국 그 십자가를 전하는 전도자는 세상 앞에서 자기를 부인하고 명예와 지식과 체면을 분토처럼 버리며 순교를 경험합니다. 그래서 마귀는 어떻게 해서든지 크리스천으로 하여금 전도하지 못하게 하여 결정적으로 자기 부인의 삶을 살지 못하도록 궤계를 쓰고 있습니다. 마귀는 우리에게 속삭입니다.

"예배도 하고 기도도 하고 봉사도 하고 구제도 하고 선교도 하라. 하지만 전도는 하지 말라."

구원의 확신과 전도의 부담

구원의 확신을 얻은 자의 당연한 정서는 예수 생명 없이 멸망으로 달려가는 영혼들에 대한 전도의 부담을 갖게 된다는 것입니다. 하나님의 생명을 소유한 자는 그 생명을 전하지 않고는 견딜 수 없게 됩니다. 아가페 사랑을 받은 자는 남에게 그 사랑을 전하지 않고는 견딜 수 없습니다. 지옥 불에서 건짐받았다는 확신이 있는 자는 하나님의 아가페 사랑을 소유하게 됩니다. 그래서 다른 영혼이 지옥 불로 뛰어드는 것을 보고 가만히 앉아 있을 수 없습니다. 그것이 구원의 확신이 있는 자의 첫 번째 특징입니다.

다윗은 잃은 양 한 마리를 찾는 작은 일을 성실하게 감당한 야성적 영성의 소유자였습니다. 작은 일(양을 건지는 일)에 충실했던 다윗은 결국 일상에서 훈련된 야성으로 골리앗도 쓰러뜨리고 나라를 구합니다. 다윗의 영성은 잃은 양 한 마리를 찾으시는 주님의 영성입니다. 주님은 오늘도 성도를 통해 잃은 양을 찾기 원하십니다. 잃은 양 한 마리를 찾으시는 작은 일에 성실했던 주님이 결국 온 우주와 민족을 구하는 십자가를 지셨습니다.

예수님은 작은 일에 충성하면 큰일을 맡긴다고 하셨습니다(마 25:23). 가까운 마을에서부터 전도하신 주님의 마음을 기억하십시오(막 1:38). 귀신 들린 단 한 사람을 건지기 위해 거라사 땅을 밟았던 주님의 마음을 기억하십시오. 귀신에게 해방된 그 한 사람이 예수께서 행하신 큰일을 열 개 도시에서 전파한 것을 상기하십시오(눅 8:26-39).

믿는 자들이 모인 곳에서만 설교하는 것이 전도가 아닙니다. 주의 죽으심과 부활 그리고 주의 다시 오심이 중요하다고 증거하는 사역자라면 주께서 다시 오시게 될 때 영원한 심판에 처하게 될지도 모르는 영혼을 향해 나아가지 않겠습니까?

주님은 나의 일상에서 야성을 잃지 않고 내 옆을 스쳐지나가는 한 영혼에게 관심을 갖기를 바라십니다. 양 한 마리를 구하고자 했던 현실에 뿌리 내린 다윗의 야성적 영성이 이스라엘을 구한 것처럼, 오늘 주님이 찾으시는 잃어버린 한 영혼을 찾아나서는 야성을 회복한 예배자와 중보자가 열방을 유업으로 얻을 것입니다.

치유를 통한 전도

저는 1997년 한국에서부터 거리 전도자로 하나님나라를 섬겨왔습니다. 전도자로 살아온 지 18년째인데 제가 전도 사역을 하는 가운데 하나님께 지속적으로 간절히 간구하는 것이 있습니다. 거리에서 전도할 때 만나는 사람들 가운데 병에 걸린 사람들, 귀신 들린 사람들을 위해 기도해줄 때 믿음의 은사와 신유의 은사와 능력 행함의 은사로 인하여 그들이 그 자리에서 즉시 고침을 받는 것입니다.

기적이 나타나면 그들은 제게 질문할 것입니다.

"어떻게 이런 일이 일어날 수 있죠? 제가 무엇을 해야 합니까?"

그때 저는 이렇게 전도할 것입니다.

"아무리 병고침을 받고 귀신이 떠나가고 문제가 해결되며 평안을 얻어도 그것은 일시적인 것입니다. 그 질병과 귀신의 저주와 삶의 문제는 다 죄 때문입니다. 다른 이로써는 구원을 얻을 수 없습니다. 천하 인간에게 구원을 얻을 만한 다른 이름을 주신 일이 없습니다. 회개하시고 예수를 구주로 믿어 하나님나라의 시민이 되십시오. 곧 주님이 다시 오셔서 세상을 심판하실 것입니다."

치유가 놀라운 전도의 도구가 되는 것이 큰 소원입니다. 제가 그렇게 소원하는 것은 헛된 망상이 아닙니다. 성경에 있는 하나님의 말씀을 순수하게 믿기 때문입니다.

"또 이르시되 너희는 온 천하에 다니며 만민에게 복음을 전파하라 믿고 세례를 받는 사람은 구원을 얻을 것이요 믿지 않는 사람은 정죄를 받으리라 믿는 자들에게는 이런 표적이 따르리니 곧 그들이 내 이름으로 귀신을 쫓아내며 새 방언을 말하며 뱀을 집어올리며 무슨 독을 마실지라도 해를 받지 아니하며 병든 사람에게 손을 얹은즉 나으리라 하시더라 주 예수께서 말씀을 마치신 후에 하늘로 올려지사 하나님 우편에 앉으시니라 제자들이 나가 두루 전파할새 주께서 함께 역사하사 그 따르는 표적으로 말씀을 확실히 증언하시니라"(막 16:15-20).

예수 그리스도 앞에서의 회개는 말씀을 살아내는 삶의 기초입니다. 그리스도 십자가 앞에서의 진정한 회개가 없다면 아무리 말씀을 살아내려고 하더라도 그것은 다른 종교에서 말하는 도덕적 수양과 다를 바가 없습니다. 왜냐하면 십자가 앞에 진심으로 회개하고 그리스도를 구주로 모셔들인 사람이 그리스도의 말씀을 살아낸 것만이 하늘에 기록되기 때문입니다.

chapter 5

살아내는 영성

살아내는 영성 ::

성령을 좇아 행하라

육체의 소욕은 성령을 거스르고 성령의 소욕은 육체를 거스릅니다(갈 5:17). 육신을 좇지 않고 성령을 좇아 행할 때 율법의 요구를 이룰 수 있습니다. 하나님이 우리 영에 성령을 보내셔서 계명을 지키게 하십니다(겔 36:26,27). 성령을 좇아 말씀을 살아내도록 최선을 다하십시오. 그럼에도 불구하고 연약함이 또다시 드러날 때 마귀의 참소에 속지 말고, 속히 그리스도와 함께 연합된 정체성을 받아들이며 보좌에서 감사와 찬양과 경배를 드리십시오.

살아내는 믿음의 기초, 회개

구약시대에 하나님께 쓰임 받은 왕, 제사장, 선지자들이 백성들에게 회개와 함께 하나님나라와 의를 선포했습니다. 구약의 선지자들의 선포 내용 속에는 그리스도가 계시되었고 그 계시의 성취로 그리스도께서 이 땅에 오셨습니다. 이 땅에 오신 하나님의 구원자 그리스도께서도 첫 사역으로 회개와 하나님나라를 선포하셨습니다.

예수님은 세례 요한에게 물세례를 받으시고 아버지께로부터 성령세례를 받으셨으며 '너는 내 사랑하는 아들이라 내가 너를 기뻐하노라'라는 음성을 들으셨습니다. 직후에 성령께서는 예수님을 광야로 이끄셨고, 예수님은 성령의 능력으로 사탄의 시험을 이기신 뒤에 드디어 처음으로 하나님나라를 선포하기 시작했습니다.

"요한이 잡힌 후 예수께서 갈릴리에 오셔서 하나님의 복음을 전파하여 이르시되 때가 찼고 하나님의 나라가 가까이 왔으니 회개하고 복음을 믿으라 하시더라"(막 1:14,15).

예수께서 "하나님의 나라가 가까이 왔으니"라고 한 표현의 의미는 하나님의 나라가 벌써 왔고 가까이 있다는 것입니다. 즉, 그 말씀을 하시는 예수님이 바로 하나님이라는 뜻입니다. 하나님이 육신으로 오셨으니 이 땅에 하나님나라가 임한 것입니다. 태초에 말씀이 계셨고 그 말씀이 하나님과 함께하셨는데 그 말씀이 곧 하나님이셨고 그 말씀이 육신이 되어 우리 가운데 거하셨을 때 아버지의 독생자의 영광이 충만했던 것입니다(요 1:1-3, 14).

육신이 되신 하나님인 예수님은 하나님나라가 이 땅에 왔다고 선포하면서 먼저 '회개'를 강조하셨습니다. 이 회개는 죄로부터의 돌이

킴을 말합니다. 죄의 본질은 하나님을 주인으로 섬기지 않고 자기 스스로 주인 노릇하겠다고 하며 하나님을 무시하는 것입니다. 예수께서는 인간들에게 '창조주 하나님을 다시 주인으로 인정하고 스스로 주인 노릇을 했던 태도에서 돌이켜 회개하라'고 말씀하신 후, 복음이신 자신을 믿으라고 하셨습니다. 그래야 그 죽음과 죽음의 현상들인 악과 고난에서 벗어날 수 있기 때문입니다.

예수 그리스도 앞에서의 회개는 말씀을 살아내는 삶의 기초입니다. 그리스도 십자가 앞에서의 진정한 회개가 없다면 아무리 말씀을 살아내려고 하더라도 그것은 다른 종교에서 말하는 도덕적 수양과 다를 바가 없습니다. 왜냐하면 십자가 앞에 진심으로 회개하고 그리스도를 구주로 모셔들인 사람이 그리스도의 말씀을 살아낸 것만이 하늘에 기록되기 때문입니다.

기적과 하나님나라

하나님나라 선포와 함께 동반된 것은 기적이었습니다. 능력 사역을 행했던 주의 종들의 부정적인 몇몇 결과들을 핑계 삼아 의도적으로 예수님의 능력 사역을 부각시키지 않으면서 교회로 하여금 성결의 삶을 강조하며 회개만을 촉구하는 모습이 있습니다. 그것은 아들 예수 그리스도께서 보여주신 하나님나라 복음의 중요한 부분을 상실한 것입니다.

마가복음은 예수님이 귀신을 쫓으시고 병자들을 고치시며 자연계를 다스리는 기적을 통해 하나님나라를 강력하게 선포하신 것을 간결하고 빠르게 보여줍니다. 우리는 마가복음의 구조를 통해 마가의 목소리를 직접 들음으로 예수님의 하나님나라 선포 사역의 의미를 확실히 깨닫게 됩니다.

예수님은 하나님나라의 임하심과 회개를 촉구하고 나서 복음을 믿으라고 하신 뒤 회당에서부터 하나님나라를 가르치기 시작했습니다. 그런데 듣는 사람들은 그 가르침이 서기관들과 같지 않고 권세 있는 자와 같아 놀랐습니다. 바로 그가 하늘과 땅의 모든 권세를 아버지께로부터 받은 아들, 구원자 예수 그리스도셨기 때문입니다. 예수 그리스도는 자신의 권세와 하나님나라가 임한 증거를 보여주기 위해 회당에서 귀신을 쫓아내셨습니다(막 1:21-28).

"그러나 내가 하나님의 성령을 힘입어 귀신을 쫓아내는 것이면 하나님의 나라가 이미 너희에게 임하였느니라"(마 12:28).

마가는 예수님이 최초의 하나님나라 선포 사역에서 귀신을 쫓아낸 사건을 기록했습니다. 귀신이 떠나가는 기적은 예수님이 이 땅에 가져오신 하나님나라를 실제로 보여주는 가장 효과적인 도구였습니다. 귀신의 역사와 질병은 죽음의 증상이며 죽음은 자아가 주인 된 삶, 즉 죄의 결과입니다. 그러므로 그리스도께서는 귀신을 쫓아내고 병을 고치심으로 자신을 통해 죄 사함과 하나님나라가 임했다는 증거를 보여주셨습니다.

이와 같이 마가는 회당에서 귀신을 쫓아내신 사건을 시작으로 계속해서 예수님이 귀신을 쫓으시고 병을 고치는 사건을 나열합니다. 회당에서 귀신을 쫓아내신 직후 베드로 장모의 열병을 고치셨는데, 이 소문을 듣고 온 동네 사람들이 각색 귀신 들린 자들과 병든 자들을 문 앞에 데려왔습니다. 예수님은 그들을 다 고치셨습니다. 그리고 조용히 새벽 미명에 깊은 기도로 아버지 앞에 나아간 뒤에 다시 일어서면서 말씀하셨습니다.

"이르시되 우리가 다른 가까운 마을들로 가자 거기서도 전도(선포)하리니 내가 이를 위하여 왔노라 하시고 이에 온 갈릴리에 다니시며 그들의 여러 회당에서 전도하시고 또 귀신들을 내쫓으시더라"(막 1:38,39).

이어서 말씀 한 마디로 문둥병자를 고치셨습니다. 그 시대에 문둥병은 죄의 상징이었고 문둥병 환자에게 손을 대면 문둥병이 전염되므로 부정하다고 여겨져 만지지 못하게 했습니다. 그러나 예수님은 그 문둥병자를 말씀으로 고쳐 자신이 죄를 사하는 존재임을 나타내셨습니다. 문둥병자를 고치신 사건 바로 뒤에 중풍병자에게 죄 사함을 선포하고 말씀으로 치유의 기적을 보여주셨습니다(막 1:40-2:12).

마가는 곧바로 마태의 집에서 세리와 죄인들과 함께 예수님이 식사할 때 '나는 죄인을 부르러 왔노라' 하는 말씀을 묘사함으로 진정으로 예수께서는 회개하고 복음을 믿는 자에게 죄를 사하는 존재임을 알려주었습니다(막 2:14-17). 또한 손 마른 사람을 고치셨습니다. 그를 고치자마자 여러 지방에서 그가 하신 큰일을 듣고 많은 사람이 나왔는데, 제자들을 부르실 때 그들에게 전도(하나님나라 선포)하게 하시며 귀신을 내어쫓는 권능도 함께 주셨습니다.

나사렛 예수, 그분은 하나님이십니다. 그러므로 예수께서 이 땅에 오셨을 때 하나님나라가 임한 것입니다. 예수님은 자신이 하나님이심을 말씀하기 위해 죄 사함을 선포하셨습니다. 그분은 하나님이시므로 하나님나라를 가져오셨고 하나님나라를 선포하셨으며, 가르치셨고, 하나님나라가 임한 증거로서 귀신을 쫓아내고 병을 고치며 자연계를 다스리는 기적을 나타냈습니다. 사도 요한은 주님이 행하신 기적을 나열할 지면이 부족하다고 할 정도였습니다(요 21:25).

하나님의 나라는 말에 있지 않고 오직 능력에 있습니다(고전 4:20). 하나님은 우리가 말씀을 살아내며 우리 삶 속에 하나님의 능력이 나타남으로 하나님나라가 더 강력하게 선포되기를 원하십니다.

기적과 회개

하나님을 알 만한 것이 사람들 속에 있고 하나님의 신성은 만물 가운데 나타나 있기에 하나님이 계시지 않다고 핑계할 수 없습니다(롬 1:19,20). 하나님은 안팎으로 끊임없이 사람들의 마음 문을 두드리며 기다리고 계십니다. 하늘에서 내려오는 기적을 체험할 때 어떤 이는 땅의 일을 주관하시는 하늘 아버지께 회개하며 삶을 맡기고 왕으로 섬기기 시작하며 평강을 누리기 시작합니다.

모세는 히브리인으로서 바로의 왕궁에서 40년 동안 애굽의 학술과 말을 익히면서도 노예로 살고 있는 히브리 민족을 향한 연대감과 구원 사상을 간직했습니다. 그러나 왕궁에서 받은 최고급 교육도 하나님의 뜻인 이스라엘 백성을 건져내는 사명을 이루는 데는 무용지물이었습니다. 그것은 히브리인을 괴롭히는 애굽인을 살인하는 행위를 통해 드러났습니다. 모세는 바로를 피해 40년을 미디안 광야에서 보냅니다. 왕궁 생활을 통해 얻은 최고급 실력으로 동족 이스라엘을 위해 뭔가를 이룰 수 있을 것 같았지만 오히려 살인자라는 딱지가 붙은 채 광야에서 도망자의 신분으로 살아가게 됩니다.

그는 동족 히브리 백성들을 위해서 이제는 아무것도 할 수 없는 실패자가 되었다는 철저하게 일그러진 자아상을 간직한 채 40년을 살다가 비참한 삶의 끝자락에서 호렙산의 신비한 불꽃 기적 가운데에서 "네가 선 곳은 거룩한 땅이니 네 발에서 신을 벗으라"(출 3:5)라고 말씀하시는 하나님을 만나고 회개하여 하나님의 사명을 감당하게 됩니다. 모세가 80년 동안 신었던 세상 신발을 벗고 회개하기 위해서는 떨기나무의 신비한 현상을 통한 하나님의 회개를 촉구하는 말씀이 필요했습니다.

오순절 날 성령께서 강림하신 직후 초대교회에는 사도들로 인해 기사와 표적이 많이 나타났습니다(행 2:43). 사도들의 손으로 민간에 표적과 기사가 많이 나타나게 되어 믿고 주께로 나오는 남녀가 큰 무리를 이루게 되었습니다(행 5:13,14) 제자들이 나가 두루 전파할새 주께서 함께 역사하사 그 따르는 표적으로 말씀을 증거하셨습니다.

사울은 예수님의 도를 따르는 자들을 결박하여 예루살렘으로 잡아오려고 다메섹으로 가던 중 홀연히 하늘로서 비추어지는 신비한 빛을 만납니다. 그 빛 속에서 한 음성을 듣게 됩니다.

"사울아 사울아 네가 어찌하여 나를 박해하느냐…나는 네가 박해하는 예수라…일어나 시내로 들어가라 네가 행할 것을 네게 이를 자가 있느니라"(행 9:4-6).

그는 눈을 뜨지 못하는 상태에서 사람의 손에 이끌려 다메섹으로 들어가서 사흘 동안 보지도 못하고 식음을 전폐하며 기도하는 동안 아나니아라는 사람이 와서 자기에게 안수하여 다시 보게 되는 환상을 보는 신비 체험을 또 합니다.

하나님은 아나니아에게도 환상 가운데 나타나셔서 사울에게 일어난 일을 그대로 알려주시고 그가 직가라는 거리 유다의 집에 있는 것도 알려주셨습니다. 아나니아는 하나님의 말씀에 순종하여 사울이 있는 곳으로 가서 그에게 안수하며 선포합니다.

"형제 사울아 주 곧 네가 오는 길에서 나타나셨던 예수께서 나를 보내어 너로 다시 보게 하시고 성령으로 충만하게 하시다"(행 9:17).

아나니아는 "주 곧 네가 오는 길에서 (기적의 빛과 빛 가운데 음성으로) 나타나셨던 예수"라고 하며 '주'(아도나이, 여호와께만 붙여졌던 호칭)와 '예수'를 동일시하는 표현으로 사울에게 충격을 주었습니다. 아나니아의 안수와 선포에 사울은 눈에 즉각적으로 비늘이 벗겨지며 다시 보게 되는 기적을 체험합니다. 그리고 사울은 다메섹에 있는 제자들과 함께 며칠을 있다가 즉시 각 회당에서 예수가 하나님의 아들이심을 전파하게 됩니다.

바울이 에베소 지역의 회당에 들어가 석 달 동안 담대히 하나님나라에 대해 선포했습니다. 그러는 중 하나님은 바울의 손을 통해 신기한 능력을 행하셨습니다. 사람들이 바울의 손수건이나 앞치마를 가져다가 병든 사람에게 얹으면 그 병이 떠나고 악귀도 떠났습니다. 에베소에 거하는 유대인들과 헬라인들은 다 이 일을 듣고 두려워하며 많은 사람들이 회개하고 주 예수를 높이며 믿게 되고, 실제로 마술을 행하던 많은 사람들이 은돈 5만(오만 명의 하루 품삯)에 해당하는 마술서적을 불살랐습니다. 죄 된 삶에서 돌이킨 열매가 나타나며 주의 말씀이 더욱 흥왕하여 세력을 얻게 되었습니다(행 19:8-20).

예수님이 부활하신 후 첫 번째로 제자들에게 나타나셨을 때 도마는 그 자리에 없었습니다. 다른 제자들이 도마에게 부활하신 주를 보았다고 하자 도마는 주님의 손과 옆구리의 못 자국을 보고 그 못

자국에 자기 손가락을 넣어보지 않고는 믿지 않겠다고 했습니다. 8일이 지나서 제자들이 다시 집안에서 문을 닫고 있을 때 주님은 또다시 초자연적으로 그들 가운데 나타나셨습니다. 그리고 "너희에게 평강이 있을지어다"라고 하시며 도마에게 "네 손가락을 이리 내밀어 내 손을 보고 네 손을 내밀어 내 옆구리에 넣어보라 그리하여 믿음 없는 자가 되지 말고 믿는 자가 되라"라고 말씀하셨습니다. 그러자 도마는 "나의 주님이시요 나의 하나님이시니이다"라고 고백했습니다(요 20:24-28).

도마의 믿음이 칭찬받아야 할 점이 있습니다. 도마의 그 고백은 하나님이 모든 인간에게 가장 원하셨던 것입니다.

초자연적인 기적이 일어나고 회개의 외침이 있다고 해서 사람들이 하나님 앞에 다 회개하고 돌이키는 것은 아닙니다. 예수님이 가장 권능을 많이 행한 고라신과 벳새다 마을 사람들이 회개하지 않아서 그들에게 화가 있을 것이라고 하시고 그들에게 행한 모든 권능을 두로와 시돈에서 행하셨더라면 그들이 회개했을 것이라고 말씀하셨습니다(마 11:20,21).

성경 속에 나타나는 영광스런 기적과 복음 선포의 현장에서 즉시 회개하고 하나님께 돌아오는 이도 있으나 바로 그 현장에서 즉시 이를 갈며 자아를 드러내는 경우도 있습니다. 초자연적인 현상을 통해 하나님나라가 선포되고 회개의 말씀이 선포될 때 하나님의 공의와 거룩 앞에 인간의 자아가 적나라하게 드러나게 됩니다. 초자연적인 기적과 거룩한 하나님의 말씀의 선포는 구속사를 완성하시기 위해 알곡과 쭉정이를 걸러내시는 놀라운 하나님의 뜻입니다.

은사와 기적

은사와 기적이 사도 시대로 끝난 것은 아닙니다. 신학자들이나 목사님들 중에 성령의 은사나 하나님의 기적이 사도 시대로 끝났다고 주장하는 분들이 있습니다. 그것은 말씀을 살아내는 삶의 중요한 부분을 놓치는 것입니다. 하나님의 중요한 속성의 본질이 '신비'입니다. 하나님을 믿고 말씀을 살아낸다고 하면서 신비한 일을 거부하는 것은 믿음이 부족한 것입니다. 우리는 기적주의와 신비주의를 경계해야 하지만, 기적이 없다고 주장하는 사람을 더 경계해야 합니다.

질병과 죽음과 자연계의 반란은 인간의 죄에서 파생된 악과 고난입니다. 악과 고난은 죽음의 증상이며 죽음은 죄의 결과이고 죄의 본질은 하나님을 대적한 자아였습니다. 인간이 하나님께 대하여 자아를 주장함으로 인해 악과 고난이 가득 찬 세상을 만들었습니다. 그 세상 속으로 자기를 부인하고 오신 예수님은 아버지께 온전히 순종하는 자기 부인의 삶을 사셨습니다. 그리고 질병을 고치고 죽은 자를 살리며 자연계를 다스림으로 죄와 죽음의 증상을 해결했습니다. 이러한 일들은 십자가의 죽음과 부활을 통해 사탄의 머리를 박살내고 죽음을 이기며 악과 고난의 세상을 평강의 하나님나라로 온전히 바꾸시겠다는 것을 예표적으로 보여주는 일이었습니다.

예수님은 말씀하셨습니다.

"내가 진실로 진실로 너희에게 이르노니 나를 믿는 자는 내가 하는 일을 그도 할 것이요 또한 그보다 큰 일도 하리니 이는 내가 아버지께로 감이라"(요 14:12).

표적을 통해 하나님나라를 선포하셨던 예수께서 믿는 자 안에 들어와 계십니다. 우리는 그리스도와 함께 죽었고 살았으며 하늘에 앉혀졌고, 이제 우리 안에 그리스도께서 성령으로 친히 사십니다.

이제 우리도 아버지께서 기적을 이루기를 원하신다고 말씀을 주시면 그 말씀을 살아낼 수 있습니다. 우리 안에 계신 성령님, 그분은 어제나 오늘이나 영원토록 동일하신 하나님입니다. 2천 년 전엔 그리스도를 통해 기적을 일으키심으로 하나님나라를 선포하셨습니다. 그리고 지금은 성령의 세례를 받은 우리를 통해 기적을 베푸시며 하나님나라를 선포하기를 원하십니다.

사도 바울은 하나님나라를 전파(전도)할 때 성령의 나타남과 능력으로 했습니다. 그는 성령의 나타남과 우리의 믿음이 사람의 지혜에 있는 것이 아니라 하나님의 능력에 있다고 말합니다(고전 2:4,5). 그리고 사도 바울은 성령을 통하여 나타나는 은사가 믿는 자들에게는 지극히 일반적인 것이고 공통적으로 주신 것(common good, 공통의 좋은 것)이라고 선언합니다(고전 12:7).

그는 디모데 안에 있는 하나님의 은사를 발견하도록 안수기도를 한다고 말하며(딤후 1:6), 이방인을 순종케 하기 위해 하나님이 표적과 기사와 성령의 능력을 주신다고 말했습니다(롬 15:17,18). 히브리서 기자는 하나님이 우리에게 큰 구원을 베푸시기 위해 여러 가지 표적과 기사와 능력과 성령께서 나눠주시는 것을 주셨다고 했습니다(히 2:3,4).

우리 영 안에 계신 성령을 따라 육신의 생각을 계속 내려놓으며, 생명의 성령의 법(말씀)을 살아내면 우리는 예수님이 하신 일을 할 수 있고 예수님이 하신 일보다 큰일도 하게 됩니다. 은사와 기적이 사도 시대로 끝났다고 하는 발언은, 하나님의 놀랍고도 아름다운 초월적 세계를 이 땅에서 누리지 못하도록 하는 지극히 인본주의적인 생각입니다. 하나님을 만홀히 여기지 말아야 합니다.

빵의 기적과 생명의 빵

요한복음 6장에 보면 유대인들은 영생을 얻는 믿음을 소유하기 위해 믿게 할 표적을 보여달라고 예수님께 요구했습니다. 그들은 예수님 앞에서 강력하게 자아를 나타냈습니다. 주님은 영생을 위한 양식을 인자가 주시겠다는 표현에 대해 그들에게 구체적으로 말씀하기 시작합니다. 그 말씀의 핵심은 바로 하늘에서 내려오는 '생명의 빵'이었습니다. 예수님이 빵의 기적으로 수만 명을 먹이신 이유는 바로 영생의 빵인 자신을 소개하기 위함이었습니다.

무리는 예수님께 표적을 요구했습니다. 그리고 과거에 수백만 명의 이스라엘 백성들이 광야에서 하늘에서 내려오는 만나를 기적적으로 먹었다고 하며 은근히 그들의 율법적 신앙의 중심인 모세의 위대함을 드러냈습니다. 그러자 예수님은 '그것은 모세가 준 것이 아니라 내 아버지께서 주신 것이며, 내 아버지는 너희에게 하늘로부터 참 빵을 주시는데 그것은 세상에 생명을 주는 것'이라고 하셨습니다.

예수님의 대답에 무리들은 "주여 그 빵을 항상 우리에게 주소서"라고 요청했는데 그 요청에 예수님은 "나는 생명의 빵이니 나를 믿는 자는 결코 배고프거나 목마르지도 않고 영생을 얻을 것이며 마지막 날에 그를 다시 살리리라"라고 말씀하셨습니다. 그러나 예수님의 완전한 대답 앞에서도 무리들은 예수가 요셉의 아들이며 그 부모를 자신이 안다고 하며 어찌 자기가 하늘에서 내려왔다고 하느냐며 수군거렸습니다.

출신을 따지며 믿지 않으려는 그들의 수군거림을 아신 예수님은 그들의 조상이 광야에서 만나를 먹었어도 죽었다고 하셨습니다. 그 의미는 아무리 표적을 체험해도 표적 속에 숨겨놓으신 그리스도를 통한 하나님나라를 보지 못하면 소용이 없다는 것입니다. 그런 후에 예수님은 하늘에서 온 참된 양식인 자신의 살을 먹고 참된 음료인 자신의 피를 마셔야 하나님의 구원이신 예수 안에 거하고 예수님도 그 안에 거하게 되어 영생을 얻게 된다고 말씀하셨습니다.

자신의 살과 피를 먹고 마셔야 영생을 얻을 것이라는 예수님의 표현은 유대인들에게 의구심이 들게 하고, 격렬한 논쟁을 일으키게 했습니다. 그들은 하늘로써 오는 표적을 보고 따르는 것 같았으나 실제로는 떡을 먹고 배부른 까닭에 예수님을 따랐습니다. 그들은 영생이란 것이 땅의 차원에서 얻어질 수 있는 것이 아니라는 것을 몰랐습니다. 그들은 썩을 양식을 위해 일했습니다.

영생을 얻기 위해서는 하나님이신 예수께서 인간의 몸으로 오셔서 인간들의 죄와 자아를 위해 십자가에서 몸을 찢어주시고 피를 쏟아주신 죽음 앞에서 회개해야 합니다. 예수님의 죽음을 자신의 죽음으로, 그 부활을 자신의 부활로 믿어야 합니다. 그때 주님의 찢겨진 살과 흘리신 피가 믿음에 의해 그들의 영혼 속에 들어가게 됩니다. 그리고 그들 안에 거하는 성령께서 그들이 그리스도 예수와 함께 하늘에 앉혀져 영생을 얻게 하십니다. 이것이 바로 예수님이 하늘에서 내려오신 생명의 빵이라는 뜻이며, 그의 살과 피를 먹어야 영생한다는 의미였습니다. 이런 놀라운 하늘 진리 앞에 그들은 영적 무지와 자아를 그대로 드러냈습니다. 그때부터 많은 사람들이 예수님을 떠나가고 다시는 예수님과 함께 다니지 않게 되었습니다.

예수님이 유대인들에게 하신 말씀에 대하여 제자들은 "이 말씀이 어렵다"고 수군거렸습니다. 그러자 예수님은 제자들에게 유명한 말씀을 남겼습니다.

"살리는 것은 영이니 육은 무익하니라 내가 너희에게 이른 말은 영이요 생명이라"(요 6:63).

예수님은 자신의 말이 영이며 생명이라고 하셨습니다. 말씀이신 하나님이 이 땅에 육체로 오셨습니다. 그가 십자가에서 죽음으로 자신의 육체를 빵과 같이 찢어주셨고 피를 음료와 같이 부어주셨습니다. 그의 육체의 죽음과 부활을 믿는 자는 그의 피와 살을 먹는 것입니다. 그것은 하나님의 생명을 말씀으로 먹게 되는 것입니다. 그래서 말씀을 살아낼 수 있게 됩니다.

행 동 하 는 믿 음

예수님이 중풍병자를 메고 오는 사람들의 믿음을 칭찬하셔서 그 중풍병자에게 죄사함과 치료의 축복을 주셨습니다. 그들은 중풍병자를 위해 기도만 하고 있었던 것이 아닙니다. 많은 무리들 때문에 예수님께 데려갈 수 없게 되자 지붕을 뜯어 구멍을 내어 중풍병자를 침상 채로 내리는 행동으로 그들의 믿음을 나타냈습니다(막 2:1-5).

우리에게 중풍병자의 친구들이 보여준 믿음의 행동이 필요합니다. 자신을 비롯해서 우리 주변에 마음과 몸의 질병 그리고 죄의 질병에 걸려 있는 수많은 영혼들이 있습니다. 자신과 그들의 영혼육의 치료를 위해 기도해야 합니다. 더 나아가 주님이 칭찬하실 만한 행동으로 그들을 데리고 예수님 앞으로 나아가도록 해야 합니다.

십이 년 동안 많은 노력을 기울였으나 전혀 치료받지 못하여 절망하고 있었던 혈루증을 앓고 있는 한 여인이 예수님이 기적을 행하신다는 소문을 들었습니다. 그녀는 절망하여 주저앉아 있는 대신 아픈 몸을 이끌고 무리 가운데 끼어 몰래 예수님의 옷에 손을 대었습니다. 그녀는 예수님의 옷에 손을 대기만 해도 나을 수 있겠다는 믿음이 있었고 그 믿음을 행동으로 옮겼습니다. 그러자 예수님의 능력이 그에게 임하여 병이 나았다는 것을 몸으로 알 수 있었습니다. 예수님은 수많은 사람들이 에워싸 밀고 있는 중이었지만 온전한 믿음으로 자기 옷에 손을 대었던 그녀에게만 능력이 흘러가도록 하셨습니다. 참으로 놀라운 장면이 아닐 수 없습니다. 이 여인의 행동하는 믿음이 소문나서 얼마 뒤에는 예수의 옷에 손을 대는 자는 다 나음을 얻게 되는 놀라운 일들이 일어났습니다(막 5:25-34, 6:56).

마음의 상처와 몸의 질병과 환경의 여러 문제로 절망하여 주저앉지 마십시오. 포기하지 말고 움직여서 예수님께 가까이 나아가야 합니다. 예수님이 자신을 알아봐주시든 그렇지 않든 무리 가운데 섞여서 예수님의 옷이라도 잡으십시오. 혈루증을 앓던 여인에 대한 이 말씀을 살아내게 될 때 당신도 예수님의 치료를 경험할 수 있습니다.

더 나아가 그 삶의 본이 치료의 강물로 흘러가 수많은 사람들이 예수님의 옷에 손을 대어 영혼육의 구원을 얻게 될 것입니다.

예수님이 두로지경으로 들어가셔서 아무도 모르게 한 집에 들어가셨으나 결코 자신을 숨길 수 없었습니다. 예수님이 하나님나라를 선포한다는 소문과 하나님나라가 임한 증거로서 귀신이 떠나가고 병자들이 치료받으며 바다와 같은 자연이 예수님의 말씀에 순종한다는 소문이 일파만파로 퍼져나갔기 때문입니다.

수로보니게 여인이 그 소문을 듣고 예수님께 나와서 귀신 들린 자기 딸을 고쳐달라고 했습니다. 그러자 예수님은 개들에게 음식을 주는 것이 마땅치 않다고 하셨으나 그 여인은 아랑곳하지 않고 상 아래에 있는 개들도 아이들이 먹던 부스러기를 먹는다고 하는 놀라운 믿음의 고백을 합니다.

이 여인은 자신이 연약한 인간으로서 늘 율법 앞에 죽은 존재임을 알고 자신이 개와 같다는 겸손한 믿음을 가지고 있었던 것 같습니다. 또한 '개 취급을 받아도 어떠냐 내 딸만 나을 수 있다면 더 큰 수모도 감당할 수 있다'라는 믿음이 있었던 것 같습니다. 예수님은 그렇게 말하는 그 여인의 고백 속에 있는 믿음을 보시고 멀리 집에 있는 귀신을 내어쫓아 주셨습니다. 여인은 귀신이 떠났다는 예수님의 말씀을 믿고 즉시 집으로 달려가 아이의 치료를 확인했습니다(막 7:24-30).

우리는 예수님과 함께 죽음, 부활, 승천, 보좌, 성령으로 연합되어 의인이 되었습니다. 그러나 우리는 한편으로 여전히 옛 생명의 습관을 드러내는 죄 된 모습이 있습니다. 그것을 언제든지 인정하는 믿음이 필요합니다. 그 죄 된 모습을 인정하는 믿음이 있다면 누가 나를 모욕하고 무시할 때 그것에 대해 크게 힘들어하지 않을 수 있습니다. 왜냐하면 나의 악함을 겸손히 인정하는 믿음은 하나님의 치료의 강물을 체험할 수 있고, 그 구원의 능력이 내가 사랑하고 기도하는 영혼에게 흘러갈 것이라는 믿음이 있기 때문입니다.

두려워하지 않는 믿음

예수님이 씨 뿌리는 자, 등경 위에 놓아야 할 등불, 겨자씨 등 여러 가지로 하나님의 나라에 대한 비유를 하시고 나서 제자들과 함께 바다로 나아가셨습니다(막 4:1-32). 그때 큰 광풍이 일어나 물결이 배에 들어와 가득하게 되었고 예수님은 고물(선미, 배의 뒤쪽)에서 주무시고 계셨습니다. 제자들은 주무시는 예수님을 깨웠고 '우리가 죽게 되었는데 주무시고만 계십니까?'라고 불평했습니다.

예수님은 즉시 바람을 꾸짖으시고 바다더러 잔잔하라 하셨고 바람이 그쳐지고 바다가 매우 잔잔해졌습니다. 그리고 예수님이 제자들에게 "어찌하여 이렇게 무서워하느냐 너희가 어찌 믿음이 없느냐"라고 하셨습니다. 그때 제자들은 "그가 누구이기에 바람과 바다도 순종하는가"라고 했습니다(막 4:35-41).

제자들이 두려워한 이유는 그들의 정확한 경험과 지식 때문이었습니다. 어부이기에 그 정도의 광풍에는 죽을 수도 있다는 생각을 한 것입니다. 두려움을 이길 수 있는 것은 지식과 경험에 의한 정확한 판단이 아닙니다. 우리의 이성은 문제의 환경에 대한 정확한 해석을 하는 순간부터 두려움과 염려에 빠지게 되는 것입니다. 두려움을 이기는 것은 주님과 함께 있다는 것을 믿고 신뢰하는 것입니다.

주님은 제자들을 자기와 함께 있게 하시고 보내사 전도도 하고 귀신을 내어쫓는 권세도 있게 하려고 부르셨습니다(막 3:13-15). 제자 된 삶은 주님과 함께 있는 것입니다. 주님이 주무셨을 때 제자들도 함께 깊이 자고 있었다면 어떻게 되었을까요? 만약에 정말로 죽을 만한 광풍이었다면 예수님이 아버지의 뜻(십자가)을 이루기 전이므로 아버지께서 아들을 깨우셨을 것이고 알아서 아버지의 때에 광풍을 잠잠케 하셨을 것입니다. 예수님은 하나님의 나라를 어린아이처럼 받아들이지 않는 자는 결단코 들어갈 수 없다고 하셨습니다. 만약에 그 배에 어린아이들이 있어서 예수님 옆에서 자고 있었다면 그들은 깊은 잠을 자며 안식하고 있었을 것입니다.

예수님은 '나는 아무것도 스스로 할 수 없노라 아버지께서 말씀하시지 않으시고 보여주시지 않으시면 나는 아무것도 할 수 없다'고 하시며 마치 자신이 어린아이와 같다고 고백하셨습니다(요 5:19,30).

아들 예수님은 하나님의 본체로서 늘 아버지 보좌 우편에 계셨고 이 땅에 파송받으셔서도 늘 아버지만을 바라보고 계셨습니다.

우리는 주와 함께 보좌에 연합된 자입니다. 그리고 보좌에서 파송 받은 존재입니다. 복음을 전하고 귀신을 내어쫓기 위해 파송된 자입니다. 그러므로 마귀가 일으키는 어떤 환경 속에서도 인생이라는 배가 아무리 출렁거리고 엎어지려고 해도 우리는 믿음으로 마귀를 쫓아내고 내 속의 두려움을 내어쫓을 수 있습니다. 우리가 연약하기에 어느 정도의 시간 동안 두려워할 수는 있으나 주와 연합된 복음을 진정으로 믿을 때 그 두려움을 넘어설 수 있습니다.

늘 새 부대가 되는 믿음

우리는 좋은 것을 경험하면 그 속에 오래도록 더 머물고 싶어합니다. 그리고 그것에 머물러 있다 보면 익숙한 것과 결별하는 것이 무척 어려워집니다. 하나님은 끝없이 좋으신 분이십니다. 그러므로 우리는 하나님의 선하심을 계속해서 새롭게 맛보아 알기를 사모해야 합니다. 계속해서 옛 부대를 버리며 새 부대로 나아가야 합니다. 아무리 좋은 것이었어도 옛 부대를 버리고 새 부대를 준비하지 않으면 새 포도주를 담을 수 없게 되고 포도주와 부대도 버리게 됩니다(막 2:18-22).

예수님이 베드로와 야고보와 요한을 데리고 높은 산에 올라가셨을 때 저희 앞에서 변화되셨는데 그 광채가 너무나 찬란하였고 갑자기 모세와 엘리야가 나타나 예수님과 함께 대화를 했습니다. 그것을 목격한 베드로는 '주님, 여기 있는 것이 좋습니다. 우리가 주님과 모세와 엘리야를 위하여 초막 세 개를 짓고 싶습니다'라고 했습니다. 베드로에게 변화산의 체험은 영원토록 머물고 싶을 정도로 황홀한 체험이었습니다(막 9:2-8).

그런데 예수님은 그 변화산에 머물러 계실 수 없으셨습니다. 아버지의 뜻을 이루기 위해 또 다른 산으로 가야 했습니다. 심히 고민하여 죽게 되었다고 토로하며 기도하는 겟세마네 동산(막 14:32-36), 십자가에 못 박히실 갈보리산으로 가야 했습니다. 그래야 창세전에 아버지와 함께 가졌던 영화로운 가장 높은 산, 보좌에 오르실 수 있습니다(요 17:5).

예수님도 인성을 가지고 계셨기에 겟세마네 동산에서 그 십자가의 잔을 거두어달라고 아버지께 간구하셨습니다. 아마도 그것은 창세전 아버지와 함께 영화로움을 가졌던 기쁨의 동산에 대한 추억이나 변화산 속에서의 추억이 그리웠기 때문일 수도 있습니다. 그러나 예수님은 '아무것도 스스로 할 수 없습니다. 내 원대로 마시고 아버지 원대로 하소서'라는 고백을 하며 늘 새 부대로 나아가며 아버지께서 주시는 새로운 말씀의 포도주를 받으셨고 결국에는 다른 산인 갈보리산으로 더 나아가셔서 십자가에 못 박히셨습니다.

새 포도주는 새 부대에 담아야 된다는 예수님의 말씀은 어떤 이의 금식에 대한 질문에 대하여 주님이 주신 말씀입니다. 그는 "요한의 제자들과 바리새인의 제자들은 금식하는데 어찌하여 당신의 제자들은 금식하지 아니하나이까"라는 질문을 했습니다. 그때 예수님은 자신을 신랑, 제자들은 신랑과 함께하는 손님으로 비유하시면서 "혼인 집 손님들이 신랑과 함께 있을 때에 금식할 수 있느냐 신랑과 함께 있을 동안에는 금식할 수 없느니라"라고 하시며 율법주의자들이 이해할 수 없는 표현을 하시고, 새 포도주는 새 부대에 담아야 된다고 말씀하셨습니다(막 2:18-22).

바리새인들은 구약의 대표격인 모세와 엘리야에게만 초점이 강하게 맞춰져 있는 자들이었습니다. 그들은 하나님이 주신 율법과 금식 규정 안에서 '여기가 좋사오니'라는 의식에 머물러 있었습니다. 그들은 하나님이 보내시는 메시아에 대한 생각도 이방 민족의 압제에서 벗어나는 정치적인 메시아 정도로만 이해하고 있었습니다.

그러나 하나님은 메시아를 고난 받는 종으로 보내실 계획을 갖고 계셨습니다(사 53장). 왜냐하면 단순한 바벨론이나 로마의 정치적 압제 때문이 아니라 마귀의 흑암의 권세에서 건지기 위해서였습니다. 바리새인들이 그것을 알기 위해서는 날마다 더 새 부대로 나아가야 했습니다. 그러나 그들은 '여기가 좋사오니'라는 생각으로 결국 율법에 얽매여 율법과 로마법을 이용하여 예수님을 십자가에 못 박게 됩니다. 대제사장들과 서기관들과 장로들과 바리새인들과 사두개인들은 날마다 새 부대로 나아가지 않은 결과로서 빌라도 앞에서 가이사 외에는 왕이 없다고 하며 수천 년 동안 왕으로 섬기던 여호와 하나님도 헌신짝처럼 버리는 인본주의 태도를 보였습니다. 예수님을 십자가에 못 박고 싶어서였습니다(요 19:15).

모세와 엘리야가 나타나 예수로 더불어 말씀하는 것 같은 아무리 큰 체험을 해도 어제의 영광의 체험은 오늘 적용되지 않을 수 있습니다. 빵의 기적을 일으키신 예수님이 바다 위로 걸어오실 때 제자들은 예수님이 유령인가 하여 소리 지르고 놀라며 두려워했습니다. 그것은 빵의 기적에 대해 깨닫지 못하고 마음이 금방 둔해졌기 때문입니다(막 6:52).

이스라엘 백성은 애굽의 장자를 치면서도 문설주에 피를 바른 자기 백성을 보호하신 하나님을 체험했으나 홍해 앞에서 다시 불평을 쏟아놓습니다. 홍해를 가르신 하나님을 체험하고 찬양했으나 물이 없어서 다시 불평합니다. 반석에서 물을 내시는 기적으로 그들을 마시게 하셨으나 배고프다고 다시 하나님을 원망합니다. 그들은 자기가 체험한 테두리 안에 아직도 머물러 있는 것입니다. 그것이 인간의 자아의 속성입니다.

금식은 음식을 먹지 않는 것입니다. 음식을 계속 먹지 않으면 죽습니다. 즉, 금식은 죽음과 관련이 있습니다. 하나님이 금식의 규정을 주신 것은 그리스도의 죽음과 연합되는 믿음 차원에서 주신 것입니다. 그래서 예수께서 진정한 금식은 신랑을 빼앗길 때라고 하셨습니다. 예수와 함께 하나님나라에 대한 가르침과 선포, 기적을 체험했던 제자들은 신랑 되신 예수님과 함께 이 땅에서도 하나님나라의 잔치 가운데 있었습니다. 그런데 제자들은 나중에 가룟 유다와 대제사장들과 바리새인들과 서기관들과 장로들과 빌라도 즉, 세상 권력과 종교 지도자들에게 신랑을 빼앗겼습니다. 결국 예수님은 그들의 손에 의해 죽으셨습니다.

신랑 되신 예수님과 함께 동행하며 혼인 잔치를 즐길 줄 아는 자가 주님의 죽으심을 기억하며 그 죽음에 함께 죽었다고 선포하기 위해 하는 금식이 진정한 금식입니다. 그렇게 금식과 기도로서 날마다 새 부대로 나아갈 때 자기를 부인하게 되며 자기 십자가를 지고 주의 죽음에 동참하는 삶을 살게 되는 것입니다.

새 부대가 되기 위해서는 우리 영혼의 밭을 날마다 갈아엎는 기경이 필요합니다. 우리 안에는 새 생명이 있음과 동시에 죄에 물든 옛 생명의 습관이 있습니다. 우리의 옛 생명의 습관은 마치 길가밭, 흙이 얇은 돌밭, 가시떨기밭과 같습니다. 생명의 말씀의 씨가 떨어질 때 너무 굳은 길가밭은 사탄에게 즉시 말씀을 빼앗깁니다. 돌밭은 말씀을 즉시 기쁨으로 받아도 흙이 깊지 않아서 그 속에 뿌리가 없어 잠깐 견디다가 말씀 때문에 핍박과 환란이 일어날 때 곧 넘어지게 됩니다. 그리고 가시떨기 밭은 세상의 염려와 돈의 유혹과 기타 욕심 때문에 결실하지 못합니다. 이러한 옛 생명의 밭을 갈아엎기 위해서 우리는 기도와 금식으로 나아가며 날마다 새 부대가 되는 믿음을 보여야 합니다(막 4:10-20).

베드로는 "주는 그리스도십니다"라는 표현으로서 반석 같은 믿음의 고백이라고 예수님께 칭찬을 받았습니다. 베드로의 고백 뒤에 바로 이어서 죽으실 것을 말씀하시자 베드로는 "그리 마옵소서"라고 했고 예수님은 "사탄아 내 뒤로 물러가라 네가 하나님의 일을 생각하지 않고 사람의 일을 생각하는도다"라고 하셨습니다. 칭찬받은 반석이 즉시로 걸림돌로 바뀌었습니다. 베드로는 방금 전에 받은 칭찬이 좋아서 또 '여기가 좋사오니'라는 의식에 빠져 있었고 인류 구원을 위한 예수님의 십자가의 길을 막아서는 사탄 편에 서게 된 것입니다(마 16:16-23).

날마다 매 순간마다 새 부대로 나아가지 않으면 이전에 받은 칭찬이 오늘 하나님의 일에 걸림돌이 될 수 있습니다. 베드로에 대한 책망 뒤에 예수님이 바로 "나를 따라오려거든 자기를 부인하고 자기 십자가를 지고 나를 따를 것이니라 누구든지 제 목숨을 구원하고자 하면 잃을 것이요 누구든지 나를 위하여 제 목숨을 잃으면 찾으리라"라고 하셨습니다(마 16:24,25). 날마다 새 부대로 나아가는 자기 부인의 삶만이 자기 십자가를 지고 가며 십자가 위에 임할 성령의 충만함의 새 포도주를 마시게 됩니다.

돈을 사랑하지 않는 믿음

예수님이 거라사 지방의 무덤 사이에 거처하는 한 사람 속에 있는 군대 귀신을 쫓으셨습니다. 그러자 돈을 사랑하는 마을 사람들의 모습이 드러났습니다. 더러운 귀신들이 그 사람에게서 나와서 돼지에게로 들어갔고 그들의 생계 수단인 돼지 떼들이 바다에 몰사하자 먹고살 걱정 때문에 예수님에게 마을에서 떠나달라고 요청합니다. 마을 사람들은 오히려 예수님을 단단히 붙잡았어야 합니다. 아무도 제어할 힘이 없을 정도로 강했던 귀신 들린 자를 치료하신 예수님께서는 돈보다 더 중요한 영혼의 문제를 해결할 수 있기 때문입니다. 그러나 그들은 예수님을 쫓아내면서 자신들이 가장 중요하게 여기는 것이 돈이라는 것을 스스로 나타내 보였습니다(막 5:1-20).

한 사람이 '무엇을 해서 영생을 얻을 수 있겠습니까?'라고 예수님께 질문했습니다. 그러자 예수님은 계명을 알고 있는 그에게 사람 사이에서 지켜야 할 여섯 가지 계명을 말씀하셨습니다.

'살인하지 말라, 도둑질하지 말라, 간음하지 말라, 거짓말하지 말라, 속여 빼앗지 말라, 부모를 공경하라.'

그러자 그는 어려서부터 그것을 다 지켰다고 했습니다. 결국 그는 예수님이 소유한 모든 것을 다 팔아 가난한 자들에게 주면 하늘에 보화가 있으리라 그리고 와서 나를 따르라'고 하자 재물이 많아서 슬픈 기색을 띠고 근심하며 예수님을 떠나갔습니다(막 10:17-22).

거라사 지방의 사람들도 인생의 가장 큰 문제인 영생의 문제에 대한 고민이 있었을 것입니다. 그런데 그들은 생계유지 때문에 예수님을 떠나라고 했습니다. 마찬가지로 이 부자도 예수님을 떠나게 되었습니다. 영생에 대한 갈망 때문에 예수님께 왔지만 결국 재물 때문에 예수님을 떠나게 되었습니다. 그 부자는 계명을 다 지키는 삶을 살면서도 영생에 대한 확신이 없었습니다. 영생은 땅에서 계명을 지켜서 위로 올라가는 것이 아니라 위에 계신 주님으로부터 선물로 오는 것이기 때문입니다. 예수님은 그에게 하늘에 보화가 쌓이는 비결로서 재물을 다 팔고 자신을 따르라고 말씀하셨습니다. 그러나 그는 결국 하늘의 보화보다는 땅의 재물에 더 마음을 쏟으며 예수님을 떠났습니다.

서기관 중 힌 사람은 예수님께 모든 계명 중 가장 큰 것이 무엇인지 여쭈었습니다. 예수님은 하나님을 먼저 사랑하고 이웃을 제 몸과 같이 사랑하는 것이라고 하셨고 그는 예수님의 말씀에 온전히 동의했습니다. 그는 결국 예수님께로부터 "네가 하나님의 나라에서 멀지 않도다"라는 칭찬을 받았습니다(막 12:28-34).

부자 청년이 어려서부터 계명을 다 지킨 것이 진정으로 하나님을 사랑하고 이웃을 자신의 몸과 같이 사랑하는 차원이었다면 그는 재물을 팔아 이웃들에게 주는 것이 하늘에 보화를 쌓는 것이라는 믿음으로 그렇게 하고 예수님을 따라 칭찬을 받았을 것입니다. 영생에 대한 고민이 있었던 그는 결국 자신의 영혼의 문제보다도 돈을 더 중요하게 생각했습니다. 그래서 영생에 대한 소망이 있으면서도 예수님의 말씀을 믿지 못했습니다.

예수님이 예루살렘 성으로 입성하시기 위해서 구약에 예언된 대로 나귀를 타셔야 했습니다(슥 9:9). 그래서 주님이 제자들에게 "너희는 맞은편 마을로 가라 그리로 들어가면 곧 아직 아무도 타보지 않은 나귀 새끼가 매어 있는 것을 보리니 풀어 끌고 오라 만일 누가 너희에게 왜 이렇게 하느냐 묻거든 주가 쓰시겠다 하라 그리하면 즉시 이리로 보내리라"라고 하셨습니다(막 11:1-6).

무엇이든지 주가 쓰시겠다고 할 때 즉시 내어드리는 믿음은 모든 것이 주님께로부터 왔다는 것을 인정하는 믿음입니다. 그것은 주님이 가르쳐주신 주기도를 살아내는 믿음과 일치합니다. 주기도를 요약하면 "너희는 먼저 그의 나라와 그의 의를 구하라 그리하면 이 모든 것을 너희에게 더하시리라"입니다(마 6:33).

주기도의 핵심은 하나님의 의와 나라를 먼저 구하는 것입니다. 그리고 보이는 필요를 구하는 첫 번째가 '오늘 하루 양식을 주소서'입니다. 이것은 현재 돈이 있든지 없든지 매일 양식을 구하는 믿음은 '내가 가진 모든 것이 다 주님 것이기에 하루 양식조차도 주님이 주서야 먹습니다'라는 의미로서 소유와 주권을 주님께로 돌려드리는 놀라운 기도입니다. 주님은 최고의 기도인 주기도 속에 소유의 문제까지 다루신 탁월함을 보여주셨습니다.

과부는 구차한 중에서 두 렙돈을 연보궤에 넣었는데 주님은 그가 풍족한 중에서 많이 넣은 다른 사람보다 더 많이 넣었다고 하셨습니다. 풍족한 사람은 과부보다 훨씬 더 많이 넣었겠지만 그는 자기의 모든 소유를 넣지 않았습니다. 과부는 풍족한 사람이 넣은 것과는 비교도 안 될 만큼 적게 넣었으나 주님은 그녀의 전 재산의 헌신을 받으셨습니다(막 12:41-44). 이것이 바로 부자가 하나님나라에 들어가는 것이 낙타가 바늘구멍으로 들어가는 것보다 더 어렵다고 말씀하신 이유입니다.

물질의 축복은 정말 두려운 것입니다. 없을 때는 다 드리는 것이 어렵지 않습니다. 그런데 많이 가지게 되면 모든 소유를 드리는 것이 점점 더 어렵게 됩니다. 모든 것을 한순간에 다 드릴 수 있는 믿음이 있을 정도만을 소유하는 지혜와 마음을 주님께 구해야 합니다.

모든 것이 주님의 것이라는 고백과 주께서 쓰시고자 하실 때 모든 소유라도 드릴 수 있는 믿음은 예수님의 길을 예비하는 최고의 믿음 중 하나입니다. 주께서 쓰시고자 하셨을 때 즉시 나귀를 내어드린 사람의 헌신으로 인해 구속사가 성취되었습니다.

"시온의 딸아 크게 기뻐할지어다 예루살렘의 딸아 즐거이 부를지어다 보라 네 왕이 네게 임하시나니 그는 공의로우시며 구원을 베푸시며 겸손하여서 나귀를 타시나니 나귀의 작은 것 곧 나귀 새끼니라"(슥 9:9).

우리도 언제든지 즉시 내어드릴 수 있는 믿음으로 주의 재림을 예비해야 합니다. 그리스도인으로서 진정으로 다시 오실 예수님을 원하십니까? 그렇다면 돈보다 영혼입니다(마 6:24). 돈 문제보다 영혼의 문제가 더 큽니다. 돈에 속지 마십시오. 돈과 예수님을 겸하여 섬길 수 없고 돈을 사랑함이 일만 악의 뿌리입니다.

예수님이 성전 안에서 매매하는 자들과 돈을 바꾸는 자들과 비둘기 파는 자들의 상과 의자를 둘러 엎으시며 말씀하셨습니다.

"내 집은 만민이 기도하는 집이라 칭함을 받으리라고 하지 아니하였느냐 너희는 강도의 소굴을 만들었도다"(막 11:17).

사람들은 이 말씀을 가지고 보이는 교회를 먼저 비판합니다. 그런데 진정 복음을 깨달아 아는 자는 내 자신이 강도의 굴혈은 아닌지 점검해야 합니다. 즉, 내 안에 아직도 주님보다 돈을 더 사랑하는 마음이 있는지 살펴봐야 합니다.

우리는 그리스도의 몸으로서 주의 성전입니다. 그리고 우리 몸이 기도의 집입니다(고전 3:16). 내 안에서 성령께서 말할 수 없는 탄식의 기도를 하고 계시기 때문입니다(롬 8:26). 이 성령의 탄식은 내게 아직도 남아 있는 마음, 주님보다 돈을 더 사랑하며 자아를 부인하기를 싫어하는 마음 때문에 탄식하시며 기도하시는 신음소리입니다.

멸망의 가증한 것이 서지 못할 곳에 선 것을 볼 때 지붕에 있는 자들은 집에 있는 무엇을 가지러 들어가지도 말고 밭에 있는 자들은 겉옷을 가지러 뒤로 돌이키지 말라고 하셨습니다(막 13:14-16). 롯의 처는 소돔성에서 탈출하여 나오다가 절대로 뒤를 돌아보지 말라는 명령을 버리고 뒤를 돌아보아 소금기둥이 되었습니다. 심판의 날이 다가오는데 천지는 없어지고 주의 말씀만 영원할 것입니다(막 13:31). 우리는 돈과 세상을 돌아보지 말라는 말씀을 살아내어 그 말씀의 영존과 함께 영생을 누려야 할 것입니다.

우리는 말씀을 살아내려고 노력하지만 우리가 '모든' 율법을 '항상' 지켜 행할 수는 없습니다. 그래서 율법 행위에 의존하려 한다면 저주 아래 놓이게 됩니다. 말씀을 살아내려고 노력하되 살아내려는 우리의 삶에 의존하는 것이 아니라 이루어진 연합의 복음의 말씀 안에 거하는 믿음이 필요합니다.

chapter 6

승리하는 영성

승리하는 영성 ::

그리스도의
사랑으로 승리하라

비판하지 않는 믿음

주님은 "너희의 헤아리는 그 헤아림으로 너희가 헤아림을 받을 것이며"라고 말씀하셨습니다(막 4:24). 우리는 비판을 멈춰야 합니다. '교회가 왜 그래?'라고 생각하는 자에게 주님이 '네가 교회니라'라고 말씀하십니다. 타인을 향하여 '당신은 도대체 왜 그래?'라고 하는 자에게 주님이 '그가 너니라'라고 말씀하십니다. 우리 한 사람 한 사람이 교회입니다. 그리스도의 몸인 교회 안에 있는 지체들은 서로 연결되어 있어서 나는 너이며 너는 나입니다.

자신은 의롭고 경건하고 깨끗해서 허물이 없다고 착각하고 다른 사람들과 교회를 쉽게 비판하는 자들은 복음을 모르는 자들입니다. 예수님이 자기가 깨끗하여 세리와 같지 않다고 하는 바리새인이 아니라 감히 눈을 들어 하늘을 쳐다보지도 못하고 자신이 죄인이라고 고백하는 세리를 의롭다고 하신 것을 기억하십시오(눅 18:10-14).

바리새인들과 유대인들은 장로들의 유전을 지켜 손을 씻지 않으면 먹지 않고, 시장에서 돌아와서는 물을 뿌리지 않으면 먹지 않으며, 잔과 주발과 놋그릇을 씻으면서 정결 규정을 지켰습니다. 그래서 예수님의 제자들이 손을 씻지 않고 먹는다고 비판했습니다. 그때 예수님은 "이사야가 너희 외식하는 자에 대하여 잘 예언하였도다 기록하였으되 이 백성이 입술로는 나를 공경하되 마음은 내게서 멀도다 사람의 계명으로 교훈을 삼아 가르치니 나를 헛되이 경배하는도다 하였느니라"(막 7:7)라고 하셨습니다.

예수님은 손과 그릇을 씻고 먹는다고 사람이 깨끗해지는 것이 아니라 사람의 마음속에서 나오는 간음, 탐욕, 악독, 속임, 음탕, 질투, 비방(비판), 교만, 우매함(어리석음)이 사람을 더럽게 한다라고 하셨습니다. 만물보다 거짓되고 심히 부패한 것은 사람의 마음입니다(렘 17:9). 인간의 의는 더러운 옷과 같습니다(사 64:6).

다윗은 자신이 죄악 중에 출생했고 자신의 어머니가 죄 중에 자신을 잉태했다고 했습니다(시 51:5). 바울도 죄의 법을 따르는 옛 생명을 항상 살피며, 자신을 '죄인 중 괴수'라고 표현했습니다(롬 7:23, 딤전 1:15). 진정으로 하나님의 보좌 앞에서 주의 영광을 바라보고 있는 자는 그 영광의 광채를 더 크게 체험하면 할수록 자기 속에 있는 더러운 옷과 같은 자기 의가 점점 더 크게 보입니다.

한 사람이 포도원을 만들고 농부들에게 세로 주고 타국으로 갔습니다. 때가 이르러 포도원 소출 중 얼마를 거두려고 종들을 보냈으나 농부들은 그 종들을 심히 때리고 머리에 상처를 내고 능욕하고 죽였습니다. 주인이 공경을 받을 줄 알고 아들을 보냈으나 농부들은 그 아들의 유업을 자기들의 것으로 만들려고 그 아들까지 죽여서 포도원 밖에 내어던졌습니다(막 12:1-8).

하나님을 섬긴다는 자부심으로 율법을 지켜 의를 이루려는 유대인들은 하나님이 보내신 많은 선지자를 자신의 신앙의 잣대로 잘못 판단하여 때리고 능욕하고 죽였습니다. 결국에는 하나님이 보내신 아들 메시아까지 예루살렘성 밖으로 던져 십자가에 못 박아 죽였습니다. 자기 속에 있는 잘못된 고정 관념이 결국 하나님의 선지자들을 핍박하여 죽이고 하나님의 아들까지 죽인 것입니다.

주님이 비판하는 자는 비판을 받을 것이라고 하셨습니다(막 4:24). 자신의 들보를 먼저 빼지 않고 남의 눈 속의 티를 가지고 비판하면 안 됩니다. 먼저 자신의 눈 속에서 들보를 빼고 나서 밝은 눈으로 형제의 눈 속에서 티를 뺄 수 있는데 자신의 들보를 빼고 나면 형제의 티가 보이지 않을 수도 있습니다. 자신의 들보 때문에 형제 눈 속에 티가 있는 것으로 잘못 본 것일 수도 있기 때문입니다(눅 6:41,42).

말씀이 남을 죽이는 칼이 되어 비판과 정죄를 쉽게 일삼다가 소자 하나를 실족케 할 수 있습니다. 그는 차라리 연자맷돌을 목에 달아 바다에 던져지는 것이 더 낫다고 주님이 말씀하셨습니다. 말씀을 살아내는 삶은 말씀의 칼로 자신의 부패한 마음을 먼저 수술하는 것입니다.

외식하지 않고 섬기는 믿음

서기관들은 긴 옷을 입고 다니며 인사받기를 좋아하고, 회당과 잔치 자리의 상석을 원하며, 길게 기도하는 사람들이었습니다. 예수님은 그들의 외식하는 행위를 주의하라고 하셨습니다. 외식하는 행위는 남들보다 자신이 더 괜찮은 사람이라는 것을 은근히 드러내려는 행위입니다(막 12:38-40).

예수께서 가버나움에서 집에 계실 때 제자들에게 "너희가 길에서 토론한 것이 무엇이냐"라고 물으셨습니다. 그때 제자들은 대답하지 못했는데 그들은 서로 누가 더 크냐고 하면서 서열을 따졌습니다. 그때 예수님은 "첫째가 되고자 하면 뭇사람의 끝이 되며 뭇사람을 섬기는 자가 되어야 하리라"라고 하셨습니다. 어린아이 하나를 데려다가 그들 가운데 세우시고 안으시며, 주의 이름으로 어린아이 하나를 영접하는 자는 예수님을 영접하는 것이고 아버지 하나님을 영접하는 것이라고 하셨습니다(막 9:33-37).

야고보와 요한이 "주의 영광 중에서 우리를 하나는 주의 우편에, 하나는 좌편에 앉게 하여 주옵소서"라고 요청했습니다. 주님은 주와 함께 영광의 자리에 앉기 위해서는 주님이 마시는 잔을 마시며 세례를 받을 수 있어야 한다고 하셨습니다.

주님과 함께 영광의 보좌에 앉기 위해서는 주님이 마시는 순교의 잔과 죽음의 세례에 동참해야 합니다. 그런데 야고보와 요한은 주님이 마실 잔과 받으실 세례가 무엇을 의미하는지도 모르면서 그럴 수 있다고 장담했습니다. 그때 나머지 열 제자들이 두 사람에게 화를 냈습니다. 주님은 모든 제자들에게 "누구든지 크고자 하는 자는 너희를 섬기는 자가 되고 너희 중에 누구든지 으뜸이 되고자 하는 자는 모든 사람의 종이 되어야 하리라"고 하셨습니다. 그러고 나서 "인자가 온 것은 섬김을 받으려 함이 아니라 도리어 섬기려 하고 자기 목숨을 많은 사람의 대속물로 주려 함이니라"고 하셨습니다(막 10:35-45).

대속물로서 자기 목숨을 주시는 섬김이 바로 주님이 마셔야 할 잔이었고 받으실 세례였습니다. 약속하신 대로 주님은 하나님이셨지만 죄인들을 위해 가장 낮은 자리인 십자가와 무덤까지 내려가셨습니다. 죽기까지 자기를 낮추신 것입니다.

기독교의 섬김의 본질은 인간이 만든 종교나 인본주의적 섬김과 완전히 다른 차원입니다. 단순히 예수님이 지적하신 서기관들의 모습과 반대로 긴 옷을 입지 않고 인사받는 것을 사양하며 회당과 잔치 자리에서 상석을 피하는 것이 섬김의 자리에 가는 것이 아닙니다. 그것은 다른 종교의 도덕적 가르침 속에 얼마든지 있습니다.

예수 그리스도의 십자가의 길은 누구도 이해하지 못할 하나님의 뜻이었다는 것을 잊지 말아야 합니다. 빌라도가 예수님께 "네가 유대인의 왕이냐"라고 물었을 때 종교적 차원이나 인본주의적 차원의 겸손이라면 '아닙니다'라는 반응을 보였을 것입니다. 그러나 예수님은 "네 말이 옳도다"라고 하시면서 주위 모든 종교 지도자들과 군병들과 로마정부 사람들에게 조롱과 멸시를 받을 빌미를 제공하셨습니다(막 15:2). 하나님이 보내실 메시아가 고난받는 종의 모습으로 올 것이라는 이사야서 53장의 말씀을 이루신 것입니다. 결국 군병들이 예수님께 자색옷을 입히고 가시면류관을 씌우며 "유대인의 왕이여 평안할지어다"라고 하였습니다(막 15:17-19). 대제사장들과 서기관들이 십자가에 못 박힌 예수님을 향하여 "이스라엘의 왕 그리스도가 지금 십자가에서 내려와 우리가 보고 믿게 할지어다"라며 희롱하였습니다(막 15:29-32).

놀라운 것은 대제사장들은 예수님을 향하여 "그가 남은 구원하였으되 자기는 구원할 수 없도다"(막 15:31)라고 조롱하였으나 그 말은 예수님의 사역을 정확하게 표현한 것입니다. 그리스도는 남을 구원하기 위해 순종의 십자가에 죽으셔야 했습니다. 그것이 인간이 만든 종교나 인본주의 섬김에서 도저히 흉내 낼 수 없는 그리스도의 놀라운 섬김입니다.

그런데 그리스도의 대속물로 자신을 주시는 섬김은 우리의 영광을 위하여 만세 전에 미리 정하신 것이었습니다(고전 2:6-8). 결국 야고보와 요한을 비롯한 열두 제자들 그리고 초대교회의 많은 믿음의 사람들은 순교의 잔과 세례를 받음으로써 하나님을 섬기고 다른 영혼들을 섬겼습니다. 그들은 주와 함께 죽고 부활하여 보좌에 앉혀진 믿음을 실제로 순교의 잔과 세례로 보여주었습니다.

하나님이 원하시는 섬김은 그리스도의 십자가의 대속의 죽음에 연합하는 것입니다. 그리스도의 대속의 죽음에 연합하는 믿음을 갖기 위해서는, 우선 그리스도를 구주로 모셔들인 우리가 주와 함께 죽고 부활하여 하늘 보좌에 앉혀진 것을 믿어야 합니다. 그리고 그리스도께서 보좌로부터 하나님께 파송을 받아 사람들의 영혼 구원을 위해 아버지께 온전히 순종함으로써 자기를 완전히 부인하고 십자가에서 죽으신 것처럼, 우리도 보좌로부터 파송받은 믿음으로 하나님이 찾으시는 영혼 구원을 위해 하나님나라와 의를 먼저 구하며 하나님의 뜻에 순종하여 자기를 온전히 부인하는 십자가의 길을 가야 합니다. 그 십자가의 길을 가는 모습이 때로는 사회적 통념이나 타 종교의 윤리 도덕적 가르침과 완전히 다른 모습일 수도 있습니다.

사랑은 온전하게 매는 띠

문자와 규례에 순종하는 자들은 말씀을 살아내려고 애를 쓰나 육체로 글씨에 순종하려고 하는 것이기에 오히려 땅의 지체의 모습을 그대로 드러냅니다. 바울은 갈라디아 교회를 향하여 '음행과 더러운 것과 호색과 우상숭배와 주술과 원수 맺는 것과 분쟁과 시기와 분냄과 당 짓는 것과 분열함과 이단과 투기와 술 취함과 방탕함' 이 육신을 좇는 것이라고 말했습니다(갈 5:19-21). 그리고 골로새 교회를 향해 '음란, 부정, 사욕, 악한 정욕, 탐심, 분함과 노여움, 악의, 비방, 입의 부끄러운 말, 거짓말'이라는 땅의 지체를 좇는 썩은 열매에 대해 말했습니다(골 3:5,8).

갈라디아서 5장과 골로새서 3장에 나타난 육신을 좇고 땅의 지체를 따르는 모습을 '개인적인 모습'과 '관계 속의 모습'으로 구분할 수 있습니다. 개인적인 육신의 일은 음란, 음행, 더러운 것, 호색, 우상숭배, 주술, 악한 정욕, 탐심, 악의, 이단, 술 취함, 방탕함 등이라고 볼 수 있습니다. 그리고 관계성 가운데 나타나는 육체의 일은 비방, 부끄러운 말, 거짓말, 원수 맺는 것, 분쟁, 시기, 투기, 분냄, 당 짓는 것으로 구분할 수 있습니다.

우리의 시민권은 오직 하늘에 있습니다. 그래서 우리의 썩어질 육신을 자기의 영광의 형체와 같이 변하게 하실 구원자 예수 그리스도께서 하늘로서 오기를 사모함으로 개인적인 육체의 일을 죽여야 합니다(빌 3:20,21). 우리의 육신은 썩어질 장막이므로 우리가 육신을 입고 짐진 것같이 탄식하는 것은 벗고자 함이 아니라 덧입고자 함입니다. 이 썩어질 죽을 몸은 생명에게 삼킨 바 될 것입니다. 이것을 이루기 위해 보증으로 우리에게 성령님을 보내주셨습니다(고후 5:4,5).

또한 관계 가운데 나타나는 육신의 일을 좇지 말고 성령을 좇아 말씀을 살아내야 합니다(갈 5:16). 우리에게 인치신 성령님으로 말미암아 우리는 평안의 매는 줄로 하나 되게 하신 것을 힘써 지켜야 합니다(엡 4:3).

교회 안에서 '이것은 비판이나 판단이 아니에요'라고 하면서 교묘한 말로 교회를 비방하는 자들이 있습니다. 그것은 거짓 겸손입니다(골 2:18). 그들에게 속지 말고 비판의 자리를 피해야 합니다. 여기에서 '교묘한 말'은 '좋은 소리로 논쟁하는 것'(fine sounding arguments)이라고 합니다. 이 말들은 똑똑해 보이는 그럴듯한 말입니다. 논쟁을 일으키고 결국 그리스도의 몸 안에 당을 짓게 만들고 분쟁하게 만드는 말입니다. 그 말로 인해 교회에 불만을 품게 하고 결국 많은 사람을 그리스도의 몸인 교회에서 분리되게 합니다.

그들은 사랑하기 때문에 잘라낼 수밖에 없다고 변명합니다. 그들은 썩어 들어가는 발을 놔두면 다리까지 잘라야 하는 상태에 이르게 되고 결국엔 생명까지 위협하게 된다는 논리를 들어서 쉽게 다른 지체를 비판하고 그들을 교회에서 잘라내려 합니다. 그러나 생각해보십시오. 발에 문제가 있어서 병원에 갔는데 "발에 문제가 있으니 빨리 잘라내야 합니다"라는 의사의 진단을 받는 순간 우리는 "예, 그럼 어서 빨리 잘라주세요"라고 합니까?

그렇지 않을 것입니다. "다시 더 정밀검사를 해주세요"라고 여러 번 요청하고 그래도 안 되면 해외에 가서라도 다리를 보전하려고 끝까지 노력할 것입니다. 그래도 결국 자를 수밖에 없는 최후의 진단을 받았다면 그 지체를 눈물을 흘리며 잘라내고, 잘라낸 뒤에도 평생 그 잘린 지체를 그리워하며 불편한 자신의 몸을 긍휼한 마음으로 쳐다볼 것입니다.

"긍휼을 행하지 아니하는 자에게는 긍휼 없는 심판이 있으리라 긍휼은 심판을 이기고 자랑하느니라"(약 2:13).

분리되어 나뉘어진 교회 성도들을 보며 '이제 그들의 얼굴을 보지 않게 되었으니 속이 후련하다'라고 생각하고 있다면, 내가 진정 그리스도의 몸의 지체가 맞는지 생각해봐야 합니다. 바울은 우리가 하나님의 택하심으로 거룩해졌고 사랑을 받은 자라면 긍휼과 자비와 겸손과 온유와 오래 참음으로 옷 입으라고 합니다. 그래서 누구에게 혐의가 있거든 서로 용납하고 피차 용서하되 주께서 우리를 용서하신 것과 같이 하라고 합니다. 그 모든 것 위에 사랑을 더하라고 하며 그것이 지체와 지체를 온전하게 매는 띠라고 합니다(골 3:12-14). 그리고 모든 겸손과 온유로 하고 오래 참음으로 사랑 가운데서 서로 용납하며 평안의 매는 줄로 성령이 하나 되게 하신 것을 힘써 지키라고 합니다(엡 4:2,3).

교회 안에서 일어나는 분쟁의 가장 큰 요인은 성경을 문자적으로 해석하여 육체적으로 행하는 것입니다. 그래서 다른 사람을 비판할 때 내세우는 근거가 바로 말씀입니다. 그런데 그것이 바로 죄와 사망의 법일 가능성이 높습니다. 평안케 하시고 하나 되게 하시는 영인 성령을 의지하지 않고 육체로 문자를 따르는 것입니다. 바울은 갈라디아서 5장에서 육신의 일들 중 분쟁이나 당 짓는 것 같은 관계적인 일을 다루고 나서 놀라운 선언을 합니다.

"오직 성령의 열매는 사랑과 희락과 화평과 오래 참음과 자비와 양선과 충성과 온유와 절제니 이같은 것을 금지할 법이 없느니라"(갈 5:22,23).

우리는 성령의 아홉 가지 열매의 종류에 대해서는 너무나 잘 알고 있습니다. 하지만 이 구절에서 '그러나'라는 단어와 '다른 법이 없다'는 표현을 놓치면 안 됩니다. 교회 안에서 다투며 당을 지을 때 서로 법(말씀)을 가지고 대립합니다. 그러나 그 어떤 법들보다도 생명의 성령의 법이 중요합니다. 성령의 열매가 우선되며 성령의 열매를 금지할 다른 어떤 법도 없습니다. 그리스도께서 우리를 사랑하신 그 사랑의 법이 최고의 법입니다.

"너희가 만일 성경에 기록된 대로 네 이웃 사랑하기를 네 몸과 같이 하라 하신 최고의 법을 지키면 잘하는 것이거니와"(약 2:8).

부당하다고 여기는 사람에게 법을 들이대며 판단하려 할 때 그 일이 하나님의 일이 아닐 수도 있습니다. 그리스도께서 우리를 사랑하신 것은 부당한 우리를 위해 대신 죽어주신 사랑입니다. 우리도 그 사랑까지 나아가야 합니다. 왜냐하면 그리스도의 몸 안에 한 몸으로 부르심을 입었기 때문입니다. 그리스도의 평강이 주장하는 자는 그리스도의 평강을 위해 한 몸으로 부르심을 받은 것을 알기에 어떤 상황 속에서도 늘 감사하며 삽니다. 피차 가르치고 권면하며 시와 찬송과 신령한 노래를 부르며 늘 감사하는 마음으로 하나님을 찬양합니다(골 3:15,16).

바울은 옛 사람의 행위인 비방, 부끄러운 말, 거짓말, 원수 맺는 것, 분쟁, 시기, 투기, 분냄, 당 짓는 것을 버리고 새사람을 입었다고 말합니다. 그리고 우리를 창조하신 자의 형상을 좇아 지식에까지 새롭게 하심을 받는 자라고 했습니다(골 3:9,10). 우리의 옛 생명은 죽었습니다. 그리고 새사람을 입었습니다. 그렇다면 이제 우리는 뇌 속 뉴런의 세상적 옛 체계를 완전히 부인해야 하며 우선적으로 하나님의 생각인 새로운 뉴런 시스템을 형성하는 기도를 해야 합니다.

글자인 성경을 읽는 순간 우리의 육체는 그것을 내 힘으로 하고 싶어 합니다. 그러나 섣불리 말씀을 실천하려고 속단하지 마십시오. 땅의 지체인 육체가 그것을 따르려 하는 것일 수 있습니다. 오히려 말씀을 뇌 속에 암송함으로써 저장하려는 노력을 하십시오. 말씀암송기도를 하며 성경을 문자적으로 이해하고 문자적으로 따르려 하는 육체를 계속해서 십자가에 못 박으십시오. 암송한 말씀으로 감사함을 넘치게 하며 주의 영광만을 구하십시오. 그 말씀이 영의 말씀으로 뇌 속에 박히고 흘러넘칠 때까지 말입니다. 그렇게 할 때 보좌에서 주의 영광을 바라보는 만큼 주의 형상으로 변화되는 것이고 변화된 만큼 입력된 새로운 하나님의 생각으로 살아가게 됩니다.

우리는 하나님이 자라게 하심으로 자라야 합니다. 내 힘으로 성장하려는 노력을 벗어버려야 합니다. 율법과 거기서 파생시킨 인간의 전통을 지키는 노력으로 성장하려고 하는 것 자체를 부인해야 합니다. 우리는 머리이신 그리스도에게 붙어 있는 몸 안의 지체입니다. 사람이 자기가 본 것을 의지하고 육체의 마음을 좇아 헛되이 과장하는 이유는 머리이신 예수 그리스도를 붙들지 않기 때문입니다.

몸인 교회는 사랑 가운데 지체들이 서로 마디와 힘줄로 연결되어 연합함으로 머리 되신 그리스도의 생명을 공급받습니다. 그럴 때 하나님이 자라게 하심으로 자라는 것입니다(골 2:19). 그러므로 몸 안에 속한 모든 지체는 각자가 머리 되신 그리스도를 향해야 합니다. 그래서 늘 새 날을 맞이했을 때 각각의 지체가 주의 영광의 보좌에 올라가 머리 되신 그리스도를 바라보는 차원으로 성경을 암송하여 우리 속에 그리스도의 말씀을 풍성히 거하게 해야 합니다. 각 사람이 풍성한 그리스도의 말씀을 암송함으로 보좌에서 그리스도를 바라볼 때 주의 형상을 닮게 됩니다(고후 3:18). 그리고 다 함께 하나님의 아들을 믿는 것과 아는 일에 하나가 되고 온전한 사람을 이루며 그리스도의 장성한 분량이 충만한 데까지 이르게 됩니다(엡 4:13).

바울은 아무도 교묘한 말로 골로새 교회 성도들을 속이지 못하게 하기 위해서 하나님의 비밀인 그리스도를 깨닫게 하려 했습니다. 왜냐하면 그리스도 안에 지혜와 지식의 모든 보화가 감추어져 있기 때문입니다. 오직 그리스도가 비밀이시며 우리는 그리스도 예수를 주인으로 모셔들였습니다. 그 안에 신성의 모든 충만이 육체로 거하셨고 우리는 그와 함께 죽고 부활하여 그와 함께 보좌에 앉혀져서 충만해졌습니다. 그러므로 우리는 교훈을 받은 그대로 믿음에 굳게 서서 감사함을 넘치게 할 때 그 안에 더욱 뿌리를 박으며 세움을 입게 되는 것이며 사랑 안에서 연합하여 완전한 이해의 모든 풍성함에 이르게 되어 하나님의 비밀인 그리스도를 깨닫게 되어 말씀을 살아내게 됩니다(골 2:2-10).

용서하는 믿음

십자가의 은총 가운데 들어간 자가 살아내야 될 말씀 중 최고의 말씀은 '용서하라'는 말씀이라고 해도 과언이 아닙니다. 용서받은 하나님의 은총 안에 들어간 자는 용서하지 못할 자가 없습니다. 또한 용서받은 은총 때문에 내가 누군가를 용서하지 않으면 기도가 안 나오는 것을 체험합니다. 용납하고 용서합시다.

"누가 누구에게 불만이 있거든 서로 용납하여 피차 용서하되 주께서 너희를 용서하신 것같이 너희도 그리하고 이 모든 것 위에 사랑을 더하라 이는 온전하게 매는 띠니라"(골 3:13,14).

예수님이 베다니에서 나오실 때 배가 고프셨습니다. 배고픔을 해결하시려고 무화과나무를 보았으나 열매가 없어서 이제부터 영원토록 사람이 열매를 따지 못하게 될 것이라고 말씀하셨습니다. 이튿날 베드로가 "저주하신 무화과나무가 말랐나이다"라고 하자 예수님은 뜬금없이 이렇게 말씀하십니다.

"하나님을 믿으라 내가 진실로 너희에게 이르노니 누구든지 이 산더러 들리어 바다에 던져지라 하며 그 말하는 것이 이루어질 줄 믿고 마음에 의심하지 아니하면 그대로 되리라 그러므로 내가 너희에게 말하노니 무엇이든지 기도하고 구하는 것은 받은 줄로 믿으라 그리하면 너희에게 그대로 되리라 서서 기도할 때에 아무에게나 혐의가 있거든 용서하라 그리하여야 하늘에 계신 너희 아버지께서도 너희 허물을 사하여 주시리라 하시니라"(막 11:22-25).

예수님은 기도에 대해 말씀하셨습니다.

무화과나무는 열매를 맺을 때가 아니었기에 열매가 없었던 것인데 이상하게도 예수님은 그 무화과나무를 저주하셨습니다. 말도 안 되는 상황일 수 있습니다. 예수님은 인간의 이성으로 이해할 수 없는 삶을 많이 보여주셨습니다. 그렇지만 그 모든 것은 아버지의 뜻대로 행한 것입니다. 무화과나무가 마른 사건 뒤에 바로 산이 바다에 던져지는 믿음의 기도를 말씀하신 의도를 알아야 합니다.

사실 말도 안 되는 놀라운 일이 우리에게 일어났습니다. 어떻게 산 같은 우리 죄가 2천 년 전 십자가 은혜의 바다에 '풍덩' 하고 빠질 수 있겠습니까? 어떻게 우리가 2천 년 전에 죽으셨다가 부활하시고 승천하여 보좌에 앉으신 주님과 연합하며, 우주보다 크신 하나님이 내 안에 영으로 연합될 수 있겠습니까? 이것은 말도 안 되며 이해할 수 없는 일입니다.

그런데 우리에게 그 일이 실제로 일어날 수 있습니다. 사람은 할 수 없으나 하나님으로서는 다 하실 수 있기 때문입니다(막 10:26,27). 우리가 진심으로 내가 스스로 주인 노릇했던 삶을 회개하고 용서를 구하며 십자가에 못 박힌 예수님을 구주(구원자와 주인) 하나님으로 모셔들인다는 믿음의 기도를 드릴 때 하나님의 자녀가 되어 하나님의 공의와 사랑의 옷을 입게 됩니다(갈 3:26,27). 하나님은 우리의 그 믿음을 의로 여기시고 우리를 용서하셔서 우리의 죄와 옛 생명이라는 커다란 산을 자신의 생명의 강(바다)이신 성령 안에 담그시는 것입니다.

그렇다면 이 측량할 수 없는 그리스도의 풍성한 용서의 은총을 받고 주와 연합한 자가 주님께 기도할 때 살펴봐야 할 것이 무엇이겠습니까? 바로 내가 용서해야 할 자가 누구인지를 살피는 일입니다. 내 죄가 일만 달란트(지금 돈으로 환산하면 육천억 원 정도)만한 것이었는데 그것을 탕감받은 은혜를 진정으로 체험했다면 백 데나리온(일꾼 한 사람이 받는 백 일 정도의 품삯) 정도밖에 안 되는 빚을 진 자를 용서하는 건 당연한 일입니다(마 18:21-35).

하나님의 크신 용서의 은총과 주님의 생명 안에 들어가 보좌에 앉혀진 것을 믿는다면 용서 못할 사람이 없습니다. 용서해야 합니다. 용서의 열매를 맺지 못하는 자는 회개에 합당한 열매를 맺지 못하는 자로서 불에 던져질 것입니다. 왜냐하면 그는 누군가를 용서하지 않음으로써 진정으로 하나님의 용서의 은총에 들어가지 않은 자라는 것을 스스로 증명하는 것이기 때문입니다.

무화과나무 사건을 기도와 용서의 선포로 끝맺으시는 예수님의 의중을 알아야 합니다. 무화과나무가 열릴 때가 아닌데도 이해가 안 가게 예수님이 저주하신 것은 의미심장한 일입니다. 이것은 교회에 다니는 많은 사람들이 스스로는 하나님의 용서의 은총 안에 있다고 하나 용서의 열매를 맺지 않는 이상한 사람을 말합니다. 그들은 그리스도께서 원래부터 알지 못하는 자들입니다. 무화과나무를 마르게 하신 것은 그들을 향한 경고의 메시지입니다. 이 무화과나무의 비유를 통해 마치 예수님이 우리에게 다음과 같이 말씀하시는 것 같습니다.

'무화과가 열릴 때가 아닌데 저주까지 한 것을 이상하게 생각하느냐? 무화과가 열릴 때를 정한 것이 나다. 창조주인 내가 그때를 정했으니 그때와 상관없이 무화과를 마르게 할 수 있는 것도 창조주인 내 주권이다. 나는 너희가 이성으로 가장 이해할 수 없는 십자가로 인해 너희의 죄를 용서했다. 그뿐 아니라 내가 죽었을 때 너희가(모든 사람) 죽은 것으로 간주했다. 십자가 앞에서 진정으로 용서를 구하며 회개한 자는 내가 정해놓은 영적 질서 안에서 그를 나와 함께 죽은 것으로 내가 여기노라. 그리고 내 부활에 연합시켜 나와 함께 보좌에 앉혔노라. 그것을 알게 하도록 내가 성령으로 너희 안에 있노라. 이 놀라운 구원의 은총을 믿는다면 너희는 누구든지 용서하게 될 것이다. 그러나 용서하지 않는 자는 내가 그 기도를 듣지 않을 것이다. 왜냐하면 그는 내 앞에서 주여, 주여라고 부르짖고 귀신도 쫓고 권능도 행하지만 그는 원래부터 나와 상관없는 자이기 때문이다. 용서하라. 내가 다시 말하노니 용서하라. 그것이 바로 나의 용서를 받은 자니라.'

마태복음 7장에서 '주여 주여 하는 자, 주의 이름으로 선지자 노릇을 하고 귀신을 쫓고 권능을 행하는 자들이 다 천국에 들어갈 것이 아니다'라는 주님의 말씀은 믿음이 있어 열매를 맺는 좋은 나무에게 하시는 말씀이 아닙니다. 이 성경구절을 마치 믿음이 있는 자도 "주여 주여" 하다가 천국에 못 들어갈 수도 있다는 뜻으로 해석하는 것은 큰 오해입니다. 진짜 믿음이 있으면 열매를 맺게 됩니다.

말씀을 잘 보십시오. 좋은 나무가 나쁜 열매를 맺을 수 없고 못된 나무가 아름다운 열매를 맺을 수 없다고 하셨습니다. 열매로 그들을 안다고 하신 것입니다. 아무리 주의 이름을 부르고 귀신을 쫓으며 권능을 행해도 그것은 마귀의 속임수일 수 있습니다. 주님은 겉모습에 속지 않습니다. 그의 열매를 보고 판단하시면서 '내가 도무지 너를 알지 못하노라'고 하시므로 이미 못된 나무, 즉 포도나무 되신 예수님께 붙어 있지 않아서 다른 열매, 아름답지 못한 열매를 맺었다는 것을 드러낸 것입니다.

여기서 우리는 성령의 열매를 생각할 수 있습니다. 종합해 보면 하나님의 은사는 성도를 온전케 하며 봉사의 일을 하게 하여 그리스도의 몸을 세우는 도구입니다(엡 4:12, 고전 12:25-31). 그리스도의 몸은 포도나무 되신 주님께 붙어 있는 가지이며, 그 가지는 열매를 맺게 됩니다. 그것은 '사랑, 희락, 화평, 오래 참음, 자비, 양선, 충성, 온유, 절제'라는 성령의 열매입니다. 그것을 금지할 다른 법(말씀)이 없습니다(갈 5:22,23). 이 성령의 열매에 대한 말씀 바로 뒤에 "그리스도 예수의 사람들은 육체와 함께 그 정욕과 탐심을 십자가에 못 박았느니라"(갈 5:24)라는 말씀이 나오는 것은 참으로 의미심장합니다

다. 진실로 용서받은 은총을 누리고 용서하며 성령의 열매를 맺는 사람은 육체와 정과 욕심이 예수님의 십자가에 못 박혀서 포도나무에 붙어버린 가지라는 것을 믿는 사람입니다.

귀신 쫓는 은사, 선지자 노릇하는 은사, 권능을 행하는 은사는 광명한 천사로 변장하여 들어와 있는 마귀가 얼마든지 흉내 낼 수 있습니다. 그러나 성령의 열매는 흉내 낼 수 없습니다. 즉 그러한 자들은 그리스도와 함께 육체와 정과 욕심을 십자가에 믿음으로 못 박지 않아서 예수 생명에 붙어 있지 않은 자들입니다. 그래서 그들은 아직 마귀의 종이고 죄와 사망의 법에 순종하는 차원에서 성령의 은사를 흉내 내고 용서(성령의 열매)보다는 말씀을 죽이는 칼로 이용하며 정죄와 판단을 앞세우는 자들입니다.

이것은 권능을 나타내는 은사가 필요없다는 말이 아닙니다. 은사보다 열매가 더 중요하다는 비교 차원의 말도 아닙니다. 하늘로부터 오는 은사는 반드시 성령의 열매를 맺게 되어 있습니다. 주님의 지적은 열매로 확증되지 않는 가짜 나무에 대해 말씀하시는 것입니다. 알곡을 가장한 쭉정이, 양을 가장한 염소가 있습니다. 원래부터 주님이 알지 못하는 염소가 있다는 것입니다.

염소는 용서를 싫어합니다. 그래서 들이받습니다. 그런데 용서받은 양은 순합니다. 다 용서합니다. 용서의 열매는 양과 염소를 구분하는 간단하고 놀라운 것입니다. 용서를 구하지 않고 용서하지 않는 염소는 영벌에 처할 것입니다. 늘 용서를 구하고 용서해주는 양은 영생에 들어갈 것입니다(마 25:31-46).

용 서 와 함 께 십 자 가 를 선 포 하 라

우리는 용서와 함께 반드시 십자가를 선포해야 합니다. 그렇게 하지 않으면 우리가 이루는 용서가 한낱 종교의 차원으로 떨어지게 됩니다. 예수님이 말씀하신 자기를 부인하며 자기 십자가를 지고 가는 것은 어느 종교에서도 흉내 낼 수 없는 기독교 신앙의 최고봉입니다(막 8:34). 자기를 부인하고 자기 십자가를 지는 삶의 열매는 용서와 화해로 나타나기도 합니다.

용서와 화해를 통해 예수 그리스도의 생명이 흘러갈 수도 있습니다. 그러나 꼭 그렇지만은 않다는 것이 이 땅에서 이루어져가는 하나님나라의 특성입니다. 물론 용서와 화해가 전혀 소용없다는 말은 아닙니다. 우리는 일흔 번씩 일곱 번이라도 용서하며 그리스도의 사랑을 실천해야 합니다(마 18:22). 그런데 그것보다 중요한 것은 자기를 부인하고 자기 십자가를 지고 가는 삶의 최고봉으로서, 어떤 결과도 상관없이 그리스도의 십자가를 전하는 것입니다(고전 2:1-5, 갈 6:14).

예수님이 오신 이유가 하나님과 인간의 화해를 위해서라는 것은 누구도 부인할 수 없습니다. 예수님이 서로 용서하라고 말씀하신 가장 깊은 뜻은 하나님과의 영원한 화해를 위해서입니다. 그래서 인간들 사이에 아무리 용서와 화해가 이루어지더라도 그것이 예수 그리스도의 십자가를 통한 하나님과의 화해로 이어지지 않으면 아무 소용이 없습니다. 우리가 아무리 다른 사람들과 아름다운 화해를 이루어도 그들이 예수 생명 없이 죽는다면 영원한 심판에 처해지기 때문입니다.

더 나아가서 십자가를 너와 나의 용서와 화해 차원에서만 이해하면 안 됩니다. 십자가는 인간의 의를 드러내게 하여 전능하신 창조주 앞에 서게 하는 유일한 도구입니다. 십자가 앞에 드러난 자기의 의를 보고 회개하여 하나님과 화목을 이룰 사람도 있습니다. 그것이 하나님의 공의와 사랑의 소원입니다. 그러나 십자가 앞에 자기 의를 끝까지 고집하여 심판을 자처하여 하나님의 소원도 거부할 사람이 있습니다. 십자가는 단순한 용서와 화해를 말하는 것이 아니라 하나님의 구원 또는 심판에 대한 하나님의 기준입니다.

1999년도에 캐나다 토론토 거리에서 전도할 때 저는 한 백인 노숙자에게 1불과 함께 전도지를 건네주면서 "예수님을 구주 하나님으로 모셔들이십시오"라고 말했습니다. 그런데 그는 "돈은 받겠는데 예수와 전도지는 거부하겠습니다"라고 말했습니다. 그때 저는 십자가 앞에 오히려 자기 의를 끝까지 고집하여 화인 맞은 양심을 보임으로 심판을 받을 사람이 있음을 알았습니다.

우리가 삶의 현장에서 다른 사람과 최선을 다해 용서와 화해를 전하며 하나님과 화해를 촉구하는 그리스도의 십자가를 전할 때 그것을 받아들이고 통로가 되어 하나님의 용서를 얻을 사람이 분명히 있을 것입니다. 반면에 어떤 이는 용서와 화해는 받아들이지만 그리스도의 십자가는 거부하겠다는 반응을 보이기도 합니다. 더 나아가서 어떤 사람은 '예수? 십자가? 듣기도 싫고 지겹다. 그래서 당신의 용서와 화해도 거절합니다'라는 태도를 보이기도 합니다. 이것이 십자가 앞에서 인간들이 자아를 드러내는 모습입니다. 그렇다면 그가 나의 용서와 화해의 행동을 거부할 수도 있으므로 그리스도의 십자가를 전하지 않는 것이 옳은 태도일까요? 그렇지 않다는 것을 알 것입니다. 하나님의 공의와 사랑이 완전하게 나타난 십자가는 그들이 받아들이든 받아들이지 않든 계속 전해야 합니다.

예수 그리스도께서 하나님과 인간을 위하여 자기를 부인하며 아버지의 뜻만을 선포하며 십자가의 길을 걸어가셔서 십자가에서 죽으셨습니다. 예수님은 사람들에게 좋은 호응을 받든지 거절과 모욕을 받든지 상관하지 않으셨습니다. 예수님의 선포에 어떤 사람은 격분하여 예수님을 낭떠러지로 떨어뜨리려고 했습니다(눅 4:28,29).

예수님은 진리를 선포하셨습니다.

"하나님을 믿으니 또 나를 믿으라…내가 곧 길이요 진리요 생명이니 나로 말미암지 않고는 아버지께로 올 자가 없느니라…나를 본 자는 아버지를 보았거늘 어찌하여 아버지를 보이라 하느냐"(요 14:1,6,9).

"나와 아버지는 하나이니라"(요 10:30).

"인자가 땅에서 죄를 사하는 권세가 있는 줄을 너희로 알게 하려 하노라"(막 2:10).

이런 말씀은 어떤 이들에게는 영생의 말씀으로 들렸지만 어떤 이들에게는 이를 갈게 하여 결국 예수님을 죽일 계획을 세우는 데 빌미가 되는 말씀이었습니다.

예수님의 선포 앞에 사람들은 자기 의를 드러냅니다. 복 받은 사람들은 십자가 앞에 드러난 자기 의를 부인하고 회개하며 '내가 어떻게 하면 되겠습니까?'라고 반응하여 구원받습니다. 그러나 어떤 사람들은 자기 의를 이루기 위해 예수님을 죽이려고 하거나 십자가를 거치는 돌로 여깁니다.

"우리는 십자가에 못 박힌 그리스도를 전하니 유대인에게는 거리끼는 것이요 이방인에게는 미련한 것이로되 오직 부르심을 받은 자들에게는 유대인이나 헬라인이나 그리스도는 하나님의 능력이요 하나님의 지혜니라 하나님의 어리석음이 사람보다 지혜롭고 하나님의 약하심이 사람보다 강하니라"(고전 1:23-25).

우리도 최선을 다해 용서하고 화해하며 살아야 합니다. 용서와 화해의 손길을 거부당할지라도 두려워하지 않고 그리스도의 십자가를 전하는 것이 아버지의 뜻입니다. 세상 사람들에게 어리석어 보이는 하나님의 십자가는 지혜로워 보이는 용서와 화해보다 더 높은 차원의 완전한 복음입니다. 그리스도의 십자가는 완전한 신비입니다.

십자가는 하나님께로부터 나온 것이기에 어떤 사람에게는 멸망의 증거요, 어떤 사람에게는 구원의 증거가 됩니다(빌 1:28). 그래서 우리는 하나님이 이루고자 하시는 하나님나라의 완성을 위하여 그리스도의 십자가를 때를 얻든지 못 얻든지 선포해야 합니다(딤후 4:2). 이것이 바로 자기를 부인하고 자기 십자가를 지고 가는 삶이 단순한 용서와 화해의 차원이 아닌 이유입니다.

"십자가의 도가 멸망하는 자들에게는 미련한 것이요 구원을 받는 우리에게는 하나님의 능력이라"(고전 1:18).

승리하는 삶의 비결, 초월적 복음

말씀을 살아내는 내용을 마무리하면서 중요한 것을 다루고자 합니다. 그것은 종교와의 절대적인 차별성입니다. 말씀을 살아내는 영성이 자칫 잘못하면 다른 인간들의 사상과 별로 다를 바 없는 것으로 전락해버릴 위험이 있습니다. 왜냐하면 앞에서도 여러 번 강조했듯이 인간이 만든 종교 속에서도 '경전대로 살아라', '원수에게 자비를 베풀라', '남을 나보다 더 귀하게 여겨라', '비판하지 말라', '구제하라' 등 성경에서 말하는 실천 윤리를 그대로 찾아볼 수 있기 때문입니다. 심지어 어떤 종교와 사상에는 기독교에서 말하는 구원의 중심사상을 나타내는 표현들을 거의 다 비슷하게 강조하고 있기도 합니다.

저는 십 년(1992-2002년) 동안 국제신학연구소에 속한 교회음악연구원에서 교회음악을 성경적으로 연구하는 일을 했습니다. 그때 뉴에이지 음악에 대해 연구했습니다. 뉴에이지 음악의 배후에는 뉴에이지운동이 있었고 뉴에이지운동과 연계된 힌두이즘을 비롯한 초월적 종교와 사상들의 많은 책들을 살펴보았는데 거기에는 '하나님', '하나님이 보낸 메시아 그리스도', '초월적 믿음', '구원', '묵상'(명상), '영성', '경전대로 살라'는 표현들이 있었습니다. 심지어는 기독교의 유일사상인 '부활'이나 '삼위일체' 같은 사상도 교묘하게 흉내 내고 있어서 아무리 교회를 다닌다고 해도 참 진리를 확실히 만나지 못했다면 쉽게 속을 수 있겠다는 생각을 하며 경악을 금치 못했습니다.

기독교 이단이 아니라 뉴에이지운동과 연계된 타 종교의 사상이 그렇습니다. 기독교 이단들은 기독교의 핵심 사상을 비슷하게 이야기하다가 끝부분으로 가서 다른 결론을 맺기 때문에 이런 단어를 사용하는 것이 이상하지는 않을 것입니다.

자칫 잘못하면 말씀을 살아내는 삶이 종교에서 말하는 차원으로 변질됩니다. 우리의 신앙은 종교가 아닙니다. 종교는 하나님을 등지고 기쁨의 동산을 떠난 인간들이 인간 실존의 가장 큰 문제인 죽음과 죄의 문제를 풀기 위해 자신의 노력으로 비진리 또는 부분 진리를 짜깁기하여 집대성해놓은 것입니다. 그 사상들 속에는 성경의 상당히 많은 부분을 끌어와 기도했습니다. 이슬람 같은 종교들은 아예 구약성경에서 출발하고 있습니다.

그렇다면 하나님이 계획하신 참 복음은 무엇일까요? 주의해야 할 것은 '부활이 유일한 기독교의 사상이다'라고만 말하면 온전한 복음이 될 수 없습니다. 앞에서도 말한 바와 같이 초월 종교들 속에는 교묘하게 속이는 부활사상도 있기 때문입니다. 부활은 반드시 하나님이 계획하신 아들의 십자가와 연결되어야 합니다. 한 마디로 종교들이 도저히 흉내 낼 수 없는 것은, 부활로 연결되는 하나님의 십자가입니다. '십자가에 죽은 인간 예수가 유일한 우리의 창조자요 구주(구원자 주인)시다'라는 표현은 어떤 사상에서도 찾아볼 수 없습니다.

"그리스도께서 우리를 위하여 저주를 받은 바 되사 율법의 저주에서 우리를 속량하셨으니 기록된 바 나무에 달린 자마다 저주 아래에 있는 자라 하였음이라"(갈 3:13).

"때가 차매 하나님이 그 아들을 보내사 여자에게서 나게 하시고 율법 아래에 나게 하신 것은 율법 아래에 있는 자들을 속량하시고 우리로 아들의 명분을 얻게 하려 하심이라"(갈 4:4,5).

하나님이 보좌를 버리시고 사람이 되셔서 죽으신 저주의 십자가의 개념은 부활과 연결되어야 하고 그 부활은 승천해서 보좌에 다시 앉으심과 성령을 부으심 그리고 예수께서 다시 오시는 재림과 연결되어야 합니다. 요약하면 성육신(하늘 보좌를 버리고 사람이 되신 창조자), 죽음, 부활, 승천, 보좌, 성령, 재림이라고 말할 수 있습니다(엡 2:4-6, 요 14:20, 계 3:21).

그러고 나서 그 하나님의 사건들이 우리에게 어떻게 은혜로 흘러온 것인지 알아야 합니다. 인간이 자기 스스로 삶의 주인 노릇했던 죄를 회개하고 믿음으로 십자가에서 죽으신 예수를 창조자 구주 하나님으로 모셔들인 자는 그의 죽음과 부활과 보좌에 함께 이미 앉혀졌고 내주하시는 성령께서 재림하실 메시아께로 온전히 인도하는 삶이 바로 그것입니다. 그리고 온전하고 유일한 그 복음을 어떻게 실제적으로 누리는지를 알 때 종교와 전혀 다른 차원의 말씀을 살아내게 됩니다.

저는 매일 아침마다 집 주변 공원으로 가서 주님이 만드신 자연을 걸으며 4,5시간씩 마가복음, 갈라디아서, 에베소서, 빌립보서, 골로새서, 야고보서, 십자가의 도, 성령에 관한 구절 등을 반복하여 암송하고 있습니다. 암송기도를 통해 보좌 앞으로 나아갈수록 제 안에 옛 생명의 습관인 탐심이 더욱 크게 보입니다. 그래서 바울의 "오호라 나는 곤고한 사람이로다 이 사망의 몸에서 누가 나를 건져내랴"(롬 7:24)라는 고백이 나오며 보좌로부터 등지고 도망하고 싶은 마음을 떨치지 않을 수가 없었습니다.

그러나 그때 예수님은 항상 제 안에서 "너는 나와 함께 이미 죽지 않았으냐 그래서 나의 보좌 앞에 있는 것이니라 그 죽음의 연합을 믿고 담대히 은혜의 보좌 앞으로 나오라"고 하십니다. 그래서 곤고하여 보좌로부터 돌아서려다가 어린아이 같은 믿음으로 "주와 함께 죽은 나를 믿습니다. 우리 주 예수 그리스도로 말미암아 하나님께 감사합니다"라고 선포하며 한 걸음씩 보좌로 더 나아갑니다.

"그러므로 우리는 긍휼하심을 받고 때를 따라 돕는 은혜를 얻기 위하여 은혜의 보좌 앞에 담대히 나아갈 것이니라"(히 4:16).

야고보도 "누구든지 온 율법을 지키다가 그 하나를 범하면 모두 범한 자가 되나니⋯혀는 능히 길들일 사람이 없나니"(약 2:10, 3:8)라고 말했습니다. 예수님은 '손, 발, 눈이 범죄케 하면 찍어버리고 빼버리라. 불구자로 하나님나라에 들어가는 것이 두 손 두 발 두 눈 다 가지고 지옥에 던져지는 것보다 낫다. 지옥은 구더기도 죽지 않고 불도 꺼지지 않는다'고 하셨습니다(막 9:43-49). 그러면 정말 예수님이 손과 발도 잘라버리고 눈과 혀도 뽑아버리는 것으로 죄가 없어지고 깨끗해지는 것이라고 강조했을까요?

그렇지 않습니다. 인간은 죄를 짓는 팔다리를 다 잘라내어 통나무처럼 된다 하더라도 탐심을 버릴 수 없습니다. 만물보다 거짓되고 헛된 것이 사람의 마음입니다. 손과 발, 혀의 죄는 마음이 시킨 것입니다. 그래서 예수님은 손과 발을 찍어버리고 눈을 빼버리라는 말씀에 그치지 않으시고 사람 속에서 나오는 악한 생각이 사람을 더럽게 한다고 하셨습니다(막 7:21-23).

그러면 악한 행동과 생각의 근원이 되는 뇌도 빼버려서 죽어버리면 죄를 안 짓고 깨끗해지는 것일까요? 그렇지 않다는 것을 잘 아실 것입니다. 그런데 '죽어버리면'이라는 말 속에 진리가 숨어 있습니다. 자살을 이야기하는 것이 절대 아닙니다. 오직 예수 그리스도와 함께 죽는 것을 말하는 것입니다. 오직 깨끗하게 되고 자유하게 되는 비결은 예수님과 함께 죽는 것입니다(롬 6:6,7). 그러면 2천 년 전 지구 반대편에서 죽으신 예수와 함께 죽을 수 있는 길은 무엇일까요? 나를 위해 죽으신 예수님 앞에 회개하고 믿는 것입니다(막 1:14,15).

예수님 옆에 못 박힌 한 강도처럼 옆에 못 박힌다고 함께 죽는 것이 아닙니다. 그 다른 편의 강도처럼 자기 마음을 쏟으며 예수님을 믿는 자만 예수님과 함께 죽을 수 있습니다. 예수님 바로 옆에서든지 지구 반대편에서든지 2천 년 전 당시든지 어떤 다른 시대든지 오직 십자가에 못 박히신 예수 그리스도를 믿음으로만 죽을 수 있습니다. 행함으로 죽을 수 있는 것이 아닙니다. 그래서 바울의 "내가 그리스도와 함께 십자가에 못 박혔나니"(갈 2:20), "그리스도 예수의 사람들은 육체와 함께 그 정욕과 탐심을 십자가에 못 박았느니라"(갈 5:24)라는 고백이 말씀을 살아내는 삶의 핵심입니다. 항상 이 말씀을 믿고 선포하는 자는 그 십자가의 도의 말씀이 자아를 죽이게 되어 더욱 부활과 보좌와 성령께 더 깊이 연합되게 하여 말씀을 살아낼 수 있는 상태로 변화됩니다.

이것은 바울의 사상만이 아니라 예수님께 배운 것입니다. 예수님은 십자가의 죽음을 앞두고 시간과 공간과 물질을 초월하는 놀라운 초월적 연합의 복음과 믿음에 대한 표현을 하셨습니다. 다음과 같은 말씀을 놓치지 말고 붙드십시오.

"아버지여, 아버지께서 내 안에, 내가 아버지 안에 있는 것같이 그들도 다 하나가 되어 우리 안에 있게 하사 세상으로 아버지께서 나를 보내신 것을 믿게 하옵소서"(요 17:21).

"그날(성령이 임하는 날)에는 내가 아버지 안에, 너희가 내 안에, 내가 너희 안에 있는 것을 너희가 알리라"(요 14:20).

"아버지께서 나를 (보좌에서) 보내신 것같이 나도 너희를 (보좌에서) 보내노라"(요 20:21).

"나를 믿는 자는 내가 하는 일을 그도 할 것이요"(요 14:12).

예수님은 아버지께 '저희가 교회로서 하나가 되어 우리(삼위일체 하나님) 안에 있게 하시고 그것을 믿게 하소서'라고 기도하셨습니다. 우리가 어떻게 행위로서 보좌에 계신 삼위일체 하나님 안에 들어갈 수 있겠습니까. 그래서 예수님이 '믿게 하소서'라고 기도하신 것입니다. 그런데 아들이 아버지 안에 있었던 영화로움은 창세전에 가졌던 영화로움입니다.

"아버지여 창세전에 내가 아버지와 함께 가졌던 영화로써 지금도 아버지와 함께 나를 영화롭게 하옵소서"(요 17:5).

우리를 '창세전의 영화로움 안에 넣어주셨다는 것을 믿게 하소서'라고 아버지께 기도하고 있는 아들의 기도는 실로 우리에게 복된 말씀입니다.

"또 그들을 위하여 내가 나를 거룩하게 하오니 이는 그들도 진리로 거룩함을 얻게 하려 함이니이다"(요 17:19).

진리로 거룩해지는 것은 한 마디로 거룩이 이루어진 십자가의 연합을 말하는 것입니다. 예수님이 "나를 따라오려거든 자기를 부인하고 자기 십자가를 지고 나를 좇을 것이니라"라고 말씀하셨습니다. 예수님은 자신이 죽으실 십자가를 지고 가셨습니다.

우리가 십자가를 지고 가야 된다는 것은 일차적으로 예수님과 똑같이 우리가 죽을 십자가를 지고 가는 것입니다. 이것이 자기 부인의 삶의 핵심입니다. 그런데 우리는 실제로 십자가에 죽을 필요는 없습니다. 왜냐하면 이미 예수님을 믿음으로 예수님과 함께 십자가에 못 박혔기 때문입니다. 우리는 바울처럼 '내가 그리스도와 함께 죽었다'라는 믿음의 고백처럼 항상 예수의 죽음의 흔적을 가지고 살면 됩니다.

"우리가 항상 예수의 죽음을 몸에 짊어짐은 예수의 생명이 또한 우리 몸에 나타나게 하려 함이라"(고후 4:10).

"이 후로는 누구든지 나를 괴롭게 하지 말라 내가 내 몸에 예수의 흔적을 지니고 있노라"(갈 6:17).

이 책이 '말씀을 살아내십시오. 말씀에 기록된 대로 행동하십시오. 두려워하지 마십시오. 늘 새 부대가 되십시오. 돈을 사랑하지 마십시오. 비판하지 마십시오. 용서하십시오'라는 것으로 결론이 나면 안 됩니다. 많은 설교나 책들이 결국 '행하십시오'로 끝나버리는 것을 봅니다. 그것은 성령으로 시작하였다가 다시 육체로 돌아가는 것입니다. 그것은 복음적 설교가 아닙니다. 왜냐하면 우리는 하루 동안 말씀을 살아내려고 했지만 세치 혀 하나도 능히 길들이지 못했다는 것을 금방 알 수 있기 때문입니다. 그래서 우리는 말씀을 살아내야 하는 덕목들을 다루고 권면하되 이미 다 이루신 십자가 연합의 진리로 끝을 맺어야 합니다.

바울은 "내가 할례를 받는 각 사람에게 다시 증언하노니 그는 율법 전체를 행할 의무를 가진 자라"라고 말합니다(갈 5:3). 그리고 "무릇 율법 행위에 속한 자들은 저주 아래에 있나니 기록된 바 누구든지 율법 책에 기록된 대로 모든 일을 항상 행하지 아니하는 자는 저주 아래에 있는 자라 하였음이라"라고 말합니다(갈 3:10). 율법 행위에 속한 자들이 저주 아래 있다는 표현의 원문은 율법 행위에 의존하는 모든 자들이 저주 아래 있다는 뜻입니다. 우리는 말씀을 살아내려고 노력하지만 우리가 '모든' 율법을 '항상' 지켜 행할 수는 없습니다. 그래서 율법 행위에 의존하려 한다면 저주 아래 놓이게 됩니다. 말씀을 살아내려고 노력하되 살아내려는 우리의 삶에 의존하는 것이 아니라 이루어진 연합의 복음의 말씀 안에 거하는 믿음이 필요합니다. 그래서 '말씀을 살아내십시오'라는 도덕적 강조로 결론을 내리지 않고, 다음과 같이 말하고 싶습니다.

"최선을 다해서 말씀을 살아내십시오. 그러나 살아내지 못한 자신을 분명히 발견할 것입니다. 그때 즉시 다시 내 안의 성령을 인정하십시오. 그러면 말씀을 살아내지 못한 그 모습이 이미 십자가에 죽었다는 것을 성령께서 믿게 하실 것입니다. 그리고 부활 승천하여 보좌에 앉혀진 것을 믿게 하시고 그 보좌에서 다시 영광의 예배를 드리게 될 수 있습니다."

그 어떤 다른 종교나 사상도 흉내 낼 수 없는 영광스러운 복음으로 결론을 맺는 것입니다.

에 / 필 / 로 / 그

월스트리트에서
말씀을 체험하다

2013년 12월 마지막 날, 한인들이 많이 사는 뉴욕의 플러싱(Flushing)에서 전도했습니다. 노던 블르버드(Northern Blvd.)와 파슨스(Parsons) 모퉁이에 있는 주유소 주변에 히스패닉(스페인어를 쓰는 중남미계 미국 이주민과 그 후손)이 많이 모여 있었습니다. 그들은 하루 벌어 하루 먹고 사는 사람이 많습니다. 그들이 옹기종기 모여 있으면 하루 일꾼이 필요한 기업이나 단체에서 쓸 만한 사람들을 데려가는 것입니다. 저는 스페인어 전도지와 피켓을 들고 그들 가운데로 뛰어들어 스페인어로 외쳤습니다.

"휄리즈 아뇨 누에보"(새해 복 많이 받으세요).
"끄레 엔엘 세뇨르 헤수 끄리스또"(예수 그리스도를 믿으세요).
"디오스 떼 벤디가"(하나님의 축복이 있기를).

그들은 나눠주는 전도지를 받으려고 모여들기 시작했습니다. 아마도 돈이 되는 것인 줄 알았던 모양인지 순식간에 모여들어 저는 그들에게 에워싸였습니다. 그들은 제가 전하는 전도지를 받으면서 말했습니다.

"아멘, 그라시아스"(아멘, 감사합니다).

그들은 비록 경제적으로 풍족하지 못하지만 그 부족함 때문에 마음도 가난하여 하나님과 매우 가까이 있는 복을 받고 있는 것이라 여겨졌습니다. 맨해튼 월스트리트 뉴욕증권거래소 앞에서 전도할 때에 제 앞을 지나가는, 세계적인 금융회사에 다니는 엘리트들의 반응과 너무 대조적입니다.

제게 몰려들어 전도지를 받고 "아멘, 감사합니다"라고 반응한 히스패닉들과의 체험은 누가복음 14장에서 주인이 종들에게 잔치 자리를 채우라고 보내고 자리가 차지 않자 길로 나가서 가난하고 병든 자들을 데려오라고 했던 예화가 떠올랐습니다.

저는 그 말씀의 상황을 2012년에도 실제로 체험했습니다. 12월 30일, 그해 마지막으로 전도하는 날이었습니다. 그날도 어김없이 월스트리트에 나가서 복음을 전했는데 그날은 굉장히 추웠습니다. 아마도 2012년에 접어들어 가장 몸을 심하게 떨었던 날 같습니다. 그러나 그런 추위 속에서도 몸과 마음을 녹이는 귀한 만남을 하나님이 허락하셨습니다.

어느 중국인 관광객 부부가 제게 다가와서 길을 물었습니다. 그들은 영어를 잘했습니다. 그들에게 길을 가르쳐주고 복음을 전하려는데 예수님을 믿는다는 것이었습니다. 그래서 이렇게 말했습니다.

"중국에 1억이나 되는 지하 가정교회 성도들이 있다는 말을 들었습니다. 하지만 크리스천들의 숫자보다 중국인들의 뜨거운 신앙이 한국 사람들에게 큰 본이 되고 있습니다. 고맙습니다."

그 말을 하는데 갑자기 눈물이 쏟아졌습니다. 제 눈물을 본 그들도 같이 울었습니다. 우리는 서로 포옹했습니다. 그 분들이 제 등을 두드려주었는데, 마치 하나님이 제 등을 토닥여주시는 것 같았습니다. 그 분들은 손을 흔들고 멀어져 가면서도 눈물이 고인 눈으로 저를 계속 쳐다보았습니다. 결국 그 분들은 사라졌는데 저는 왠지 하염없이 눈물이 쏟아졌습니다. 그것은 주님의 눈물이었던 것 같습니다. 울먹거리며 저는 월스트리트에 모여 있는 세계 여러 나라에서 온 관광객들에게 외쳤습니다.

"회개하세요. 하나님께로 돌이키세요. 복음을 믿으세요. 예수님을 믿으세요. 주님이 곧 심판주로 오십니다!"

그런데 수백 명이나 되는 관광객들은 모두 사진을 찍느라 정신없이 돌아다니고 있었고 저의 말에 귀를 기울이는 사람은 아무도 없었습니다. 그러자 제 가슴은 더 북받쳐올랐고 계속 눈물이 흘렀습니다. "여러분, 다가올 심판을 피하셔야 됩니다"라고 외치는 동안 계속 눈물이 흘렀습니다. 그런데 많은 사람들 중에서 딱 한 명, 어떤 백인 여성이 저를 쳐다보는 것이 포착되었습니다. 저는 그녀와 똑바로 시선이 마주치자 바로 그녀에게 다가가 복음을 외쳤습니다.

눈을 계속 쳐다보며 복음을 선포하자 결국 그녀는 제가 전하는 복음을 다 듣고 나서 그리스도 예수를 구주로 모셔들이라는 말에 "예스"(Yes)로 대답하며 제가 건네주는 전도지를 받았습니다. 그녀가 전도지를 받아든 바로 그 순간 저는 누가복음 14장의 잔치에 초대하는 주인에 대한 말씀이 연상되었습니다. 주인이 "몸 불편한 자들과 저는 자들과 맹인들을 청하라"(눅 14:13)고 한 말씀을 그대로 체험케 되었습니다. 그녀는 손에 깁스를 하고 있었기 때문입니다.

건강해 보이는 수많은 사람들은 자신의 계획대로 관광하느라 천국 잔치에 초청하는 외침을 무시했고, 오로지 단 한 사람, 팔에 깁스를 하고 있는 병든 사람만이 심령이 가난한 상태로 바라보며 복음에 귀를 기울이고 초청에 응했습니다.

앞서 말한 두 사건은 공교롭게도 2012년도와 2013년도의 마지막 전도의 날에 체험한 것입니다. 사람들이 정해놓은 한 해의 마지막이 매년 다가옵니다. 마찬가지로 언젠가 하나님이 정해놓으신 세상의 마지막도 분명히 임할 것입니다. 인간이 정해놓은 크로노스 시간 속에서 심판을 향한 하나님의 약속의 말씀이 카이로스적으로 성취되고 있습니다.

두 사건 속에서 주인의 초청장에 반응한 사람들은 가난한 히스패닉 사람들과 몸이 불편한 서양 여인이었습니다. 저는 누가복음 14장을 여과 없이 그대로 체험케 하셔서 말씀을 살아내게 하신 주님을 찬양했습니다. 비슷한 예화가 마태복음 22장에 나오는데, 임금이 자기 아들의 혼인 잔치에 초청하는 모습이 묘사되어 있습니다.

종들이 외치는 아들의 혼인 잔치의 선포는 구원과 심판의 근거가 되는 사명입니다. 신부된 우리에게는 바로 신랑 되신 예수님과의 혼인 잔치를 알리게 하시어 회개하고 믿는 사람에게는 구원이 임하게 하시고, 회개하지 않고 믿지 않는 사람에게는 하나님의 정죄를 받게 하시겠다는 것입니다.

마태복음 22장에서는 초청을 받아 잔치 자리에 들어와 앉아 있는 사람들 중 예복을 입지 않은 사람을 다른 모양으로 심판하시는 장면이 묘사되어 있습니다.

"임금이 손님들을 보러 들어올새 거기서 예복을 입지 않은 한 사람을 보고 이르되 친구여 어찌하여 예복을 입지 않고 여기 들어왔느냐 하니 그가 아무 말도 못하거늘 임금이 사환들에게 말하되 그 손발을 묶어 바깥 어두운 데에 내던지라 거기서 슬피 울며 이를 갈게 되리라 하니라 청함을 받은 자는 많되 택함을 입은 자는 적으니라"(마 22:11-14).

엘리야의 심령과 능력을 소유하여 초림 메시아를 정확하게 예비했던 세례 요한을 본받으십시오. 엘리야의 심령과 능력을 소유하기 위해서는 늘 그리스도로 옷 입어야 합니다. 그래서 그리스도 되신 신랑의 마음에 흡족한 신부가 될 것입니다. 그리스도로 옷 입는 것은 간단합니다. 그리스도와 함께 죽었고 그리스도와 함께 살아 하늘 보좌에 앉혀진 것을 믿는 믿음으로, 하늘 보좌에서 성령충만(자아의 죽음)을 위한 목적으로 성경을 암송하며 감사함을 넘치게 하면서 뇌 속에 새 뉴런 시스템을 구축하는 것입니다. 땅의 것을 생각하지 않으며(옛 생명의 세상적 뉴런 시스템을 철저히 부인하며) 위의 것(하나님의 말씀)을 생각하기 위해 그 말씀을 새 뉴런 시스템에 새겨넣게 될 때 그리스도와 함께 우리도 영광 중에 나타나게 될 것입니다.

"이는 너희가 죽었고 너희 생명이 그리스도와 함께 하나님 안에 감추어졌음이라 우리 생명이신 그리스도께서 나타나실 그때에 너희도 그와 함께 영광 중에 나타나리라"(골 3:3,4).

말씀을 살아내라

초판 1쇄 발행	2015년 1월 12일
초판 4쇄 발행	2018년 3월 30일
지은이	지용훈
펴낸이	여진구
편집	김아진, 배정아, 안수경, 최현수, 이영주, 김윤향
디자인	마영애, 노지현
기획·홍보	김영하
해외저작권	기은혜
마케팅	김상순, 강성민, 허병용
마케팅지원	최영배, 정나영
제작	조영석, 정도봉
경영지원	김혜경, 김경희
이슬비전도학교	최경식
303비전성경암송학교	박정숙
303비전장학회 & 303비전꿈나무장학회	여운학

펴낸곳   규장

주소 06770 서울시 서초구 매헌로 16길 20(양재2동) 규장선교센터
전화 02)578-0003   팩스 02)578-7332
이메일 kyujang0691@gmail.com   홈페이지 www.kyujang.com
페이스북 facebook.com/kyujangbook   인스타그램 instagram.com/kyujang_com
카카오스토리 story.kakao.com/kyujangbook
등록일 1978.8.14. 제1-22

ⓒ 저자와의 협약 아래 인지는 생략되었습니다.
이 출판물은 저작권법에 의해 보호를 받는 저작물이므로 무단 전재와 무단 복제를 할 수 없습니다.

책값 뒤표지에 있습니다.
ISBN 978-89-6097-370-9 03230

규│장│수│칙

1. 기도로 기획하고 기도로 제작한다.
2. 오직 그리스도의 성품을 사모하는 독자가 원하고 필요로 하는 책만을 출판한다.
3. 한 활자 한 문장에 온 정성을 쏟는다.
4. 성실과 정확을 생명으로 삼고 일한다.
5. 긍정적이며 적극적인 신앙과 신행일치에의 안내자의 사명을 다한다.
6. 충고와 조언을 항상 감사로 경청한다.
7. 지상목표는 문서선교에 있다.

하나님을 사랑하는 자 곧 그의 뜻대로 부르심을 입은 자들에게는 모든 것이 合力하여 善을 이루느니라(롬 8:28)

Member of the
Evangelical Christian
Publishers Association

규장은 문서를 통해 복음전파와 신앙교육에 주력하는 국제적 출판사들의 협의체인 복음주의출판협회(E.C.P.A:Evangelical Christian Publishers Association)의 출판정신에 동참하는 회원(Associate Member)입니다.